Wilhelm Landgrebe

Dietrich Bonhoeffer

Wagnis der Nachfolge

BRUNNEN
VERLAG GIESSEN

ABCteam-Bücher erscheinen in folgenden Verlagen:
Aussaat Verlag Neukirchen-Vluyn
R. Brockhaus Verlag Wuppertal
Brunnen Verlag Gießen und Basel
Christliches Verlagshaus Stuttgart
(und Evangelischer Missionsverlag)
Oncken Verlag Wuppertal und Kassel

Die Deutsche Bibliothek – CIP-Einheitsaufnahme

Landgrebe, Wilhelm:
Dietrich Bonhoeffer : Wagnis der Nachfolge /
Wilhelm Landgrebe. –
9. Aufl. – Giessen ; Basel : Brunnen-Verl., 1995
(ABC-Team ; 3129 :
Berichte, Erzählungen, Lebensbilder)
ISBN 3-7655-3129-4
NE: GT

9. Auflage 1995

Umschlaggestaltung: Friedhelm Grabowski
Herstellung: Ebner Ulm
ISBN 3-7655-3129-4

Inhalt

Vorwort

Am 9. April 1995 jährt sich zum 50. Male der Tag, an dem Dietrich Bonhoeffer – noch nicht vierzigjährig – im KZ Flossenbürg zu Tode gefoltert worden ist. Kaum ein anderer deutscher Theologe dieses Jahrhunderts ist im In- und Ausland auch über den innerkirchlichen Raum hinaus so bekannt geworden wie er. Als Wilhelm Landgrebe die vorliegende Biographie 1957 in erster Auflage veröffentlichte, hat er selbst nicht ahnen können, daß die Anziehungskraft Bonhoeffers bis heute ungebrochen sein würde. Bei kaum einem anderen Theologen der Gegenwart sind Biographie und Theologie so eng verbunden wie bei Dietrich Bonhoeffer. Das vor allem macht seine Aktualität aus. Es ist faszinierend zu sehen, daß Bonhoeffer kaum eine theologische Aussage gemacht hat, ohne sie im praktischen Leben gelebt zu haben. Gipfel dieser Entwicklung sind die beiden Gefängnisjahre, die mit seiner Hinrichtung endeten.

Aus einer großbürgerlichen Professorenfamilie stammend, die vom Geist des Liberalismus geprägt war, durchlebte Bonhoeffer die für Deutschland schicksalhaften Jahre zwischen 1933 und 1945 in verantwortlichen Positionen. Als junger Privatdozent kämpfte er an der Berliner Universität gegen die kraftlos gewordene liberale Theologie. Gleichzeitig wurde er immer mehr hineingezogen in den Überlebenskampf der evangelischen Kirche gegen ihre nationalsozialistische, deutsch-christliche Unterwanderung. Schließlich erkannte er seine Mitverantwortung für ein neues Deutschland nach dem Ende des Krieges und nahm teil an den Aktionen des deutschen Widerstandes.

Georg Huntemann hat Dietrich Bonhoeffer einen Kirchenvater des 20. Jahrhunderts genannt. Dem wird man nur schwer widersprechen können. Wilhelm Landgrebe unternimmt im vorliegenden Buch den Versuch, eine allgemeinverständliche Einführung in Biographie und Theologie dieses Kirchenvaters zu geben. Dabei sind die ersten Kapitel des Buches mehr dem Leben Bonhoeffers gewidmet, während die nachfolgenden Abschnitte sein theologisches Werk aufschließen. Bonhoeffer kommt mit vielen Aussagen aus seinen zentralen Werken selbst zu Wort. Dadurch ermutigt der Autor, Bonhoeffers Werk im Originalton zu lesen. Er zeigt dem Leser Bonhoeffers Vielseitigkeit: Er war nicht nur theologischer Schriftsteller, sondern auch seelsorgerlich orientierter Prediger und Bibelausleger. Im Gefängnis wurde er auch noch zum geistlichen Dichter.

Eindrücklich erhebt sich so die Gestalt eines Mannes, dessen Leben und Werk trotz ihres fragmentarisch gebliebenen Charakters eine Einheit bildet. Man spürt etwas von der Zielorientiertheit, die jedes Leben erhält, wenn es im Gehorsam gegenüber Gottes Willen gelebt wird. Zur Grundfrage von Bonhoeffers Leben wurde von Jahr zu Jahr mehr, wie das Evangelium in der modernen Welt glaubwürdig bezeugt und gelebt werden kann. Dem hat er unablässig nachgedacht: Als Theologe, Christ und Zeitgenosse bemühte er sich darum, herauszufinden, wer Jesus für uns heute ist. Deshalb ist er buchstäblich bis in die letzten Tage seines Lebens hinein, auch noch im Gefängnis, also inmitten tiefster Weltlichkeit, theologischer Schriftsteller geblieben.

An dieser Stelle setzen auch seine aufregenden und Aufsehen erregenden Gedanken über eine „nicht-religiöse Interpretation biblischer Begriffe“ ein. Mit diesen Fragen wollte er dem christlichen Glauben nach dem Ende des Krieges einen gangbaren Weg in die Zukunft eröffnen. Es ging ihm in seinem Nachdenken darum, wie die alten biblischen Wahrheiten angesichts der modernen, säkularisierten Welt kraftvoll verkündigt werden können. Daß seine damals geäußerten Gedanken nichts von ihrer Bedeutung eingebüßt haben, zeigt die bis heute unverminderte Diskussion dieser Vorschläge.

Wilhelm Landgrebe hat Dietrich Bonhoeffer in seinem Buch zu Recht als Märtyrer dargestellt. Seine letzten Worte, als er zu einer grauenhaften Hinrichtung abgeführt wurde, waren: „Das ist das Ende – für mich der Beginn des Lebens." Nicht zuletzt deshalb stellt er für jeden Menschen in der Nachfolge Jesu eine ungebrochene Ermutigung und zugleich Herausforderung dar.

Reichelsheim, im Sept. 1994 Dr. Peter Zimmerling

Wechselvolle Lebenspfade

In einen großen Geschwisterkreis wurde Dietrich Bonhoeffer am 4. Februar 1906 hineingeboren. Sein Vater war ein bedeutender Arzt in Berlin und hatte an der Universität den Lehrstuhl für Psychiatrie inne; die Vorväter waren Bürgermeister und Pfarrer. In der Kirche von Schwäbisch Hall stehen noch heute alte, hohe Grabsteine mit dem Namen Bonhoeffer. Die Mutter war eine Enkelin Karl von Hases, Professor für Kirchengeschichte an der Universität Jena, dessen Vorlesungen viele Studenten besuchten. In der Familie war die Erinnerung daran lebendig, daß der Urgroßvater der Kinder, Karl von Hase, um seiner Freiheitsliebe willen auf dem Hohenasperg gefangengehalten worden war. Liebe zur Freiheit, zur Gerechtigkeit, zur Wahrheit lebte in allen Gliedern der weitverzweigten Familie und bildete um alle ein festes inneres Band; es hielt auch stand, als unter der Gewaltherrschaft des Nationalsozialismus die menschlichen Beziehungen weithin gestört waren. Die gerade und aufrechte Persönlichkeit des Vaters hat Dietrich Bonhoeffer tief beeinflußt und ihm entscheidend dabei geholfen, alle Phrasen zu meiden und das Echte und Wahre zur Richtschnur des Lebens zu machen. An seiner Mutter schätzte er das natürliche Bedürfnis zu helfen und eine unbefangene Tatkraft in freud- und leidvollen Tagen. Bonhoeffer hat es als eine der stärksten geistigen Erziehungsgrundlagen in der Familie empfunden, daß man die Kinder viele Hemmungen überwinden ließ in bezug auf Klarheit, Natürlichkeit, Einfachheit, Takt, ehe die Kinder zu eigenen Äußerungen gelangen konnten.

Dietrich war ein starker und gewandter Junge, der es nicht gern sah, wenn er bei einem Wettkampf verlor. Einmal kam er mit einem großen Eichenkranz um die Schulter nach Hause; seine Geschwister lachten ihn aus. Kaum konnte er ihren Spott verwinden, mit dem sie zum Ausdruck bringen wollten, daß es schön sei zu gewinnen, aber weniger schön, es zu zeigen. Mit den Nachbarskindern wurde gefeiert, manches Streitgespräch geführt, gewandert und musiziert. Dietrich war ein begeisterter Klavierspieler. Viel Freude hatte er am Wandern, das ihm Gottes schöne Natur erschloß. Er liebte die sommerlichen Mittelgebirge, von denen es ihm besonders der Harz angetan hatte, mit ihren Waldwiesen und Hängen. Lange konnte er auf dem Rücken im Grase liegen, dem Ziehen der Wolken im leichten Wind nachschauen, den Geräuschen des Waldes lauschen. Er hat es stark empfunden, wie Kindheitseindrücke dieser Art gestaltend auf den Menschen einwirken, so daß er sich nicht vorstellen konnte, im Hochgebirge oder am Meer zu leben. Das Mittelgebirge – Harz, Thüringer Wald, Weserbergland – war für ihn die Natur, die zu ihm gehörte; sie hat ihn mitgebildet.

Die Berufs- und Arbeitsziele innerhalb der Familie entwickelten sich ganz verschieden. Mit 16 Jahren wußte Bonhoeffer, daß er Theologe werden wollte. Das erste Studienjahr führte ihn nach Tübingen; 1924 kehrte er nach Berlin zurück und verbrachte hier seine übrige Studienzeit. Dort hat er noch den greisen Adolf von Harnack als Lehrer gehabt. Entscheidenden Einfluß übten auf ihn die Berliner Lehrer Holl, R. Seeberg, Lietzmann und Lütgert aus, deren Wohlwollen er im Laufe der Jahre erwarb. Mit 21 Jahren legte er seine Doktorarbeit über das Thema „Gemeinschaft der Heiligen“ vor; ein Vikariatsjahr führte ihn an die deutsche Gemeinde nach Barcelona. Dann kam er nach Berlin zurück und übernahm am Wedding eine Konfirmandenklasse, die keiner unterrichten wollte und die niemand zusammenhalten konnte. Was bisher nicht gelang, war Bonhoeffer geschenkt. Durch die Botschaft des Evangeliums vermochte er die

Die sieben ältesten Bonhoeffer-Kinder (von links Sabine, Dietrich, Christine, Ursula, Klaus, Walter, Karl-Friedrich).

Jungen zu fesseln, mit denen er ein gemeinsames Leben führte und manche Wanderung unternahm.

Noch viele Jahre danach verbrachte eine Gruppe von ihnen ihre Freizeit in einer Wohnlaube in Biesenthal bei Berlin, die Bonhoeffer für sie erworben hatte. „Welche Schuld trifft die, die man ins Leben hineingestoßen hat, ohne ihnen Boden unter die Füße zu geben? Kannst du an ihnen vorübergehen?“ fragt der Proletarier den Sohn des Bürgers in einer Niederschrift, in der Bonhoeffer 1943 im Gefängnis wieder aufnimmt, was ihn mit dieser bindungslosen Jugend damals beschäftigt hat. „Ja, Boden unter die Füße . . . Ich habe das so nicht gewußt.“ (E. Bethge, in: Bonhoeffer, Das Gebetbuch der Bibel, S. 39.)

Einer Anregung des Evangelischen Oberkirchenrates folgend, unternahm der junge Pfarrer im Jahre 1930 eine Studienreise nach Amerika. Dem Union Theological Seminary verdankte er eine bedeutende Erweiterung des Blickes; denn hier fand er einen „Ort freier Aussprache jedes mit jedem, die durch die dem Amerikaner eigene Zivilcourage und durch das Fehlen jeder hemmenden Amtlichkeit im persönlichen Umgang ermöglicht wird“. (E. Bethge, in: Bonhoeffer, Das Gebetbuch der Bibel, S. 40.) Die Inbrunst der christlichen Schwarzengemeinden beeindruckte ihn tief, ihre Spirituals (geistliche Gesänge) und der Kampf um die Gleichberechtigung fesselten seine Aufmerksamkeit. Als sich später die Mauern um Deutschland türmten, führte er seine Schüler in diese Welt mit ihren fremden Voraussetzungen ein und beschrieb deutlich die tiefen Möglichkeiten, die das Gespräch zwischen dem Protestantismus ohne Reformation (USA) und den Kirchen der Reformation eröffnen wird.

Der Rückkehr aus Amerika folgten Jahre der Lehrtätigkeit als Privatdozent an der Universität Berlin; daneben versah er das Studentenpfarramt an der Technischen Hochschule in Charlottenburg. Es scharten sich damals

Familie Bonhoeffer in den Ferien in Wölfersgrund, 1911.

große Kreise von Schülern um ihn. Seine Predigtgottesdienste waren stets überfüllt, die Vorträge hatten Zulauf, aber eine tragende Studentengemeinde wollte trotzdem nicht entstehen. Die Zeit schien nicht reif dafür zu sein. Darum gab er diesen Auftrag an die Kirchenleitung zurück. Er wollte keine Arbeit im Stil eines „Paradepferdes" tun.

Dem aufkommenden Nationalsozialismus stand die geistig klar geprägte Familie Bonhoeffer mit Ablehnung gegenüber, sie hielt den Sozialismus für verlogen und den überheblichen Nationalismus für ein Unglück. Im Februar 1933 sprach Bonhoeffer im Rundfunk; er kritisierte in seinem Vortrag die überall laut werdende Sehnsucht nach einem Führer, der zum Verführer werden muß, wenn er nicht in klarer Begrenzung ablehnt, Idol und Abgott der Geführten zu werden, statt sich dienend überflüssig zu machen, indem er das Volk zu den echten Autoritäten des Vaters, des Lehrers, des Richters führt. Wenige Monate später war ihm die Vergötterung Hitlers und seiner Führerschaft so unerträglich geworden, daß er einem Ruf nach London folgte, um Gemeindepfarrdienst in zwei deutschen Gemeinden zu leisten. In einer Abschiedsrede vor seinen Schülern sagte er: „Es gilt nun in der Stille auszuhalten und an allen Ecken des Prunkbaues den Feuerbrand der Wahrheit anzulegen, damit eines Tages der ganze Bau zusammenbricht."

In dieser Zeit wurde er einer der wichtigsten Sprecher über die Vorgänge in der deutschen Heimatkirche. Eine tiefe Freundschaft zum Bischof von Chichester entstand. Auf diese Weise half er den weltweiten Kirchen zu klaren Entscheidungen in der Frage für oder wider Christus; denn die Äußerungen Hitler-Deutschlands waren widerspruchsvoll und versuchten das Ausland zu täuschen. Er legte den Grund zu den warmen Beziehungen, die ihre Bewährung erfuhren, indem außerhalb Deutschlands neben dem besudelten Bild des Deutschen auch das andere Bild des christlichen und verantwortlichen, des mutigen und brüderlichen Deutschen erkannt wurde. Englische Freunde, die seine Anteilnahme an Friedensbestrebungen geweckt hatten, bereiteten eine Reise nach Indien vor. Damit sollte ein Besuch bei Gandhi verbunden sein. Bonhoeffer verzichtete auf Indien. Er folgte dem Ruf der Bekennenden Kirche in Deutschland.

In der notrechtlichen Zurüstung junger Pastoren, die den Kampf gegen die Unterdrücker des Evangeliums durchfechten wollten, erblickte er eine entscheidende Aufgabe. So zog er im April 1935 mit 25 jungen Vikaren zuerst nach Zingst und dann nach Finkenwalde in Pommern. Das Leben mit den Brüdern in ganz unzulänglich eingerichteten Häusern des Predigerseminars wurde *seine* Arbeit; er teilte seine Zeit, seine Gaben, sein persönliches Eigentum, seine Pläne mit ihnen. Er ging ganz in diesem Lebenskreis auf. Mit seinen Schülern wanderte er in der Mark, in Pommern, in Dänemark, in Schweden, und sie haben dankbar bekannt, daß sie im Umgang mit ihrem Lehrer mehr gelernt haben, stärker geprägt und umfassender gebildet wurden als durch das Studium von Büchern. Vor der Strenge und Kraft seines Denkens schreckte anfänglich mancher Schüler zurück, aber bald spürte er, daß ihm noch niemand so gut und so umfassend hat zuhören können wie Bonhoeffer, um dann auch raten und verlangen zu können, was vorher niemand erfolgreich hatte fordern können.

Im näheren Umgang wurde sein warmherziges Eingehen auf alle Fragen und das helfende Beispringen mit Rat und Tat spürbar. Alle seine Unterweisung wollte die Schüler in der Liebe zu den Brüdern ermuntern und sie lehren: „Die größte Liebe, die ich dem Bruder darbringen kann, besteht darin, daß ich ihm uneingeschränkt die Wahrheit Christi bezeuge.“ Immer wieder hat er seine

Schüler gemahnt, nicht an dem Nächsten vorbeizugehen und sich nicht durch fromme Betriebsamkeit vom Dienst der Liebe abhalten zu lassen. Darum sagte er einmal: „Es ist besser, du läßt dich in deiner Predigtvorbereitung stören, als daß du den geringsten brüderlichen Dienst versäumst." Es blieben aber auch die Zeiten nicht aus, in denen er spürte, wie stark sein Einfluß auf die jungen Hörer war. Dies wurden seine schwersten Anfechtungen an den Glauben; der Abscheu packte ihn davor, daß seine Gesundheit und Ursprünglichkeit, seine Überlegenheit und sein Urteil sich durchsetzten. Nichts haßte er mehr als Unselbständigkeit, und darum war er so behutsam bemüht, anderen zuzuhören und Menschen auf die eigenen Beine zu stellen. So war er den Vikaren ein überragender Lehrer, ein Freund, ein Bruder und treuer Seelsorger.

Der Kraft der Gemeinschaftsbildung, die von ihm ausging, konnte sich niemand entziehen, der ihn kannte. Die Brüder des Bonhoefferschen Seminars saßen nicht nur im sonntäglichen Gottesdienst zusammen, sondern lebten auch sonst miteinander. Bereits bei „Offenen Abenden" während der Berliner Universitätszeit überraschte alle die reiche Bewirtung. Bonhoeffer erklärte, nach Ansicht seiner Mutter sei es unmöglich, jemand einzuladen, ohne ihn zu bewirten. Danach handelte er immer und gab den jungen Theologen die Zuversicht, daß überall, wo das tägliche Brot gemeinsam gegessen wird, noch zwölf Körbe übrigbleiben, nicht nur in guten Zeiten. Solches gemeinsame Leben hatte für Bonhoeffer nichts mit Schwärmerei zu tun; es bildete die Grundlage der Arbeit in Prebelow, in Finkenwalde, für gemeinsame Volksmissionsfahrten und brachte manche Anregungen für die Jungbruderschaften, die nach und nach in allen Provinzen entstanden. Bruderschaft konnte für Bonhoeffer immer nur eine Sache des Glaubens und nicht des Erlebnisses sein, eine Sache, die sich auf das Kreuz Christi

Auf dem Gelände des Zingsthofes.
Die Krise der theologischen Ausbildung zwingt die Bekennende Kirche zur Gründung kircheneigener Seminare. Der Zingsthof – noch hatte das Predigerseminar kein festes Domizil – erweist sich als ein ideales Refugium.

und nicht auf sympathische Eigenschaften der Menschen gründet. Es lag ihm fern, alle Schüler nach dem gleichen Typ auszubilden, er wollte niemals die Eigenart eines Menschen erdrücken. Im Vordergrund stand das Ziel, die Mannigfaltigkeit und den Reichtum der Gaben Gottes im Menschen für die Gemeinschaft zu nutzen.

Im Sommer 1934 konnte Bonhoeffer mit einigen Finkenwalder Vikaren die Ökumenische Kirchenkonferenz in Fanö besuchen. In jenen Tagen hatten in Deutschland Entwicklungen begonnen, die wie eine dunkle Wolke kommenden Unheils über der Insel hingen; das Grauen vor dem künftigen Blutvergießen erfüllte die Herzen der Teilnehmer. Damals rief Bonhoeffer der ökumenischen Christenheit das Wort aus dem 85. Psalm zu: „Ach, daß ich hören sollte, was Gott der Herr redet; daß er Frieden zusagte seinem Volk und seinen Heiligen, auf daß sie nicht auf eine Torheit geraten!" und schloß mit den Worten: „Wenn wir, die Christenheit der Welt, nicht im Gebet und Glauben gehorsam gegen Gottes Gebote handeln und Friedfertigkeit säen, werden wir schuldig sein an dem Blut unserer Brüder." Er sah keine Möglichkeit des Ausweichens mehr in einen sündlosen Raum. Die Sünde des Bürgertums offenbarte sich in der Flucht vor der Verantwortung. Diese Schuld sah er auf sich fallen und stellte sich ihr. Ihm ging es darum, daß die Kirche *nicht* für ihren eigenen Bestand kämpfte, sondern für die Stummen und Entrechteten eintrat. Vor ihm stand die Erkenntnis: Christus kämpfte nicht für sich und seine Erhaltung, sondern opferte sich selbst, um denen zu helfen und zu dienen, die ihres Rechtes beraubt sind. Er wollte nicht schweigen, wo das Unrecht triumphierte.

Im Jahre 1940 erreichte der Kampf gegen den Pfarrer und Seelsorger Bonhoeffer seinen Höhepunkt. Es kamen die Verbote für eine Weiterführung der Predigerseminarsarbeit, Rede- und Schreibverbot, Aufenthaltsverbot für Berlin. Über diesen Gewaltmaßnahmen war es ihm unmöglich, zuzugestehen, daß Christen nur in leidendem Gehorsam Widerstand leisten dürfen. Sehr früh hat er schon davon gesprochen, daß die Kirche gezwungen sein könnte, nicht nur die Opfer unter dem Rad zu verbinden, sondern dem Rad selbst in die Speichen zu fallen. Auf die Frage nach dem Recht der revolutionären Tat für den Christen hat er geantwortet: „Wenn ein Wahnsinniger mit dem Auto durch die Straße rast, kann ich mich als Pastor nicht damit zufriedengeben, die Überfahrenen zu trösten oder zu beerdigen, sondern ich muß dazwischenspringen und ihn stoppen." Seine Erkenntnis ließ in ihm die Überzeugung wachsen: „Den Christen rufen nicht erst Erfahrungen am eigenen Leibe, sondern Erfahrungen am Leibe seiner Brüder, um derentwillen Christus gelitten hat, zur Tat und zum Mitleiden."

Auf die Frage, ob ein Christ eine Bewegung bejahen, unterstützen und mittragen könne, die die Beseitigung des Tyrannen erstrebte, gab er sich die Antwort: „Nachfolge ist Bindung an den leidenden Christus; darum ist das Leiden der Christen nichts Befremdliches, es ist vielmehr Gnade oder Freude. Die Akten der Märtyrer der Kirche bezeugen es, daß Christus den Seinen den Augenblick des höchsten Leidens verklärt durch unbeschreibliche Gewißheit seiner Nähe und Gemeinschaft. So wurde ihnen mitten in der furchtbarsten Qual, die sie um ihres Herrn willen trugen, die höchste Freude und Seligkeit seiner Gemeinschaft zuteil. Das Tragen des Kreuzes erwies sich ihnen als die einzige Überwindung des Leidens. Das gilt für alle, die Christus nachfolgen, weil es für Christus selbst gegolten hat." (Bonhoeffer, Nachfolge, S. 44.)

Er suchte die Gemeinden im Lande hin und her auf und mahnte eindringlich zu treuem Bekennen. Man untersagte bald auch diese Tätigkeit. In dem Maße aber, wie seine Wirksamkeit gewaltsam bekämpft wurde, nahm er den Kampf gegen die Widersacher auf. Er hielt es für wichtig, den Zorn über die Unterdrückung der Entrechteten und Stummen zu stärken, und wollte die Fähigkeit zum klaren Urteilen und Handeln erhalten, anstatt die Dinge laufen zu lassen. Hierbei leitete ihn der Gedanke: „Die Deutschen fangen erst heute an zu entdecken, was freie Verantwortung heißt. Sie beruht auf einem Gott, der das freie Glaubenswagnis verantwortlicher Tat fordert, und der dem, der darüber zum Sünder wird, Vergebung und Trost zuspricht.“ Den tiefen Ernst der Gedanken, die sein Handeln bestimmen, lassen diese Worte verspüren: „Ich glaube, daß Gott aus allem, auch dem Bösesten, Gutes entstehen lassen kann. Dazu braucht er Menschen, die sich alle Dinge zum Besten dienen lassen. Ich glaube, daß Gott uns in jeder Notlage soviel Widerstandskraft geben will, wie wir brauchen; aber er gibt sie nicht im voraus, damit wir uns nicht auf uns selbst, sondern auf ihn verlassen. In solchem Glauben sollte alle Angst vor der Zukunft überwunden sein. Ich glaube, daß auch unsere Fehler und Irrtümer nicht vergeblich sind und daß es Gott nicht schwerer ist, mit ihnen fertig zu werden, als mit unseren vermeintlichen Guttaten. Ich glaube, daß Gott kein zeitloses Schicksal ist, sondern daß er auf aufrichtige Gebete und verantwortliche Taten wartet und antwortet.“ (Bonhoeffer, Widerstand und Ergebung [= WE], S. 22/23.)

Getragen von solchem Glauben, war es ihm möglich, sein Leben zwischen den Aufträgen der Bekennenden Kirche, den Visitationen, der theologischen Arbeit und den Aufgaben der Widerstandsarbeit zu führen. Über seinen Schwager Hans von Dohnanyi zogen ihn die Widerstandskreise um General Beck, Fritsch und Dr. Goerdeler in ihr Vertrauen. Den ihm zugewachsenen Verbindungen mit den politischen und militärischen Widerstandskämpfern konnte er sich nicht entziehen.

Pfarrhaus von Groß-Schlönwitz.

Sigurdshof. An beiden Orten führte Bonhoeffer Sammelvikariate durch.

Für sich sah er kein Ausweichen. In Erfüllung der übernommenen Pflichten unternahm er viele Reisen. Die schwierigste und aufregendste war die nach Stockholm im Jahre 1942, um dort dem von seinem Besuch völlig überraschten englischen Bischof von Chichester die Lage Deutschlands zu schildern. Immer wieder von Verhaftungen bedroht, gab es für ihn wunderbare Erfahrungen der Hilfe und des Vertrauens.

Eine Vortragsreise hatte Bonhoeffer kurz vor Kriegsausbruch 1939 nach Amerika geführt. Gute Freunde versuchten, ihn zu einem endgültigen Bleiben zu veranlassen. Er lehnte ab, weil er seinen ihm von Gott gewiesenen Weg darin sah, mit seinen Brüdern in Deutschland den Kampf gegen die Unterdrückung des Evangeliums zu führen. Kurz vor der Abfahrt schrieb er in sein Tagebuch: „Ich begreife nicht, warum ich hier bin ... Das kurze Gebet, in dem wir an die deutschen Brüder dachten, hat mich fast überwältigt ... Wenn es jetzt unruhig wird, fahre ich bestimmt nach Deutschland ... Ich will für den Kriegsfall nicht hier sein ..." Und einige Tage später: „Seit ich auf dem Schiff bin, hat die innere Entzweiung über die Zukunft aufgehört." (Zu diesem Abschnitt vergleiche man: E. Bethge, Einblicke in Bonhoeffers Leben und Schaffen, in: Bonhoeffer, Das Gebetbuch der Bibel. S. 36ff.)

Jahre der Haft

Am 5. April 1943 wurde Dietrich Bonhoeffer verhaftet und kam in eine Zelle des Militärgefängnisses Berlin-Tegel. Freundliche Wächter, die spürten, daß ein Pastor bei ihnen saß, dessen Worte echt und hilfreich waren, brachten ihn oft heimlich in andere Zellen, wo verzweifelte Mitgefangene Zuspruch und Trost erbaten. Solchen

Aufsehern ist es auch zu danken, daß mancherlei Nachrichten zur Familie und zu Freunden gelangten. Die Gefängniswächter haben viele seiner Arbeiten, Aufsätze und Gedichte für die Zukunft aufbewahrt; so sind uns wertvolle Gedanken Bonhoeffers erhalten geblieben, die er im Nachsinnen über die Gnade, teilzunehmen an dem leidenden „Für-andere-da-sein“, niederschrieb. Die Mitgefangenen bewunderten seine Freudigkeit und Kraft. Er war ein Pastor unter Gefangenen und baute sich keine fromme Welt neben der gottlosen. Das Zellendasein durchlebte er mit aller Härte, sah Jahreszeiten kommen und gehen, zitterte unter Bombenteppichen, ließ die Spannungen der Verhöre über sich ergehen – aber denen draußen konnte er schreiben: „Gottes Hand und Führung ist mir so gewiß, daß ich hoffe, immer in dieser Gewißheit bewahrt zu werden. Du darfst nie daran zweifeln, daß ich dankbar und froh den Weg gehe, den ich geführt werde. Mein vergangenes Leben ist übervoll von Gottes Güte, und über der Schuld steht die vergebende Liebe des Gekreuzigten.“ (WE, S. 267.)

Wenige Tage nach der Verhaftung berichtet er seinen Eltern, daß das überraschende Ereignis eine starke innere Umstellung erfordert, um sich seelisch zurechtzufinden. Das Alleinsein ist für ihn nicht so ungewohnt wie für andere Menschen. Ihn quält vielmehr der Gedanke, daß die Eltern sich um ihn ängstigen und deshalb nicht richtig essen und schlafen. „Verzeiht, daß ich Euch Sorgen mache; aber ich glaube, daran bin diesmal weniger ich als ein widriges Schicksal schuld.“ Er lernt und liest zur Stärkung Paul-Gerhardt-Lieder und ist dankbar, eine Bibel, Lesestoff aus der Gefängnisbibliothek sowie genug Schreibpapier zu haben. Eine wenige Tage zurückliegende Geburtstagsfeier innerhalb der Familie klingt noch in ihm nach, und er weist besonders darauf hin, wie schön der Morgen- und Abendchoral mit vielen Stimmen und

Instrumenten war: „Lobe den Herren, den mächtigen König . . . in wieviel Not hat nicht der gnädige Gott über dir Flügel gebreitet!“

Am Osterfest des gleichen Jahres schreibt er, daß er ein frohes Ostern feiere. Das Befreiende von Karfreitag und Ostern sieht er darin, daß die Gedanken weit über das persönliche Geschick hinausgerissen werden zum letzten Sinn alles Lebens, Leidens und Geschehens überhaupt und daß man eine große Hoffnung faßt. In der Karwoche beschäftigen ihn das hohepriesterliche Gebet der Passionsgeschichte und die paulinische Ethik. Beim Einschlafen wiederholt er die am Tage gelernten Sprüche, am Morgen liest er Psalmen und Lieder, um sich dabei zu freuen, an alle Angehörigen denken zu können und zu wissen, daß man auch an ihn denkt.

Das Läuten der Glocken der Gefängniskirche am Sonnabendabend ist für ihn der schönste Augenblick.

„Es verbindet sich so vieles aus dem Leben mit ihnen. Alles Unzufriedene, Undankbare, Selbstsüchtige schwindet dahin. Es sind lauter gute Erinnerungen, von denen man auf einmal wie von guten Geistern umgeben ist . . . Stille Sommerabende in Friedrichsbrunn . . . dann die vielen schönen häuslichen Feste, Trauungen, Taufen, Konfirmationen . . .“ (WE, S. 55.) Er erinnert sich, als Student bei Professor *Adolf Schlatter* in einer Vorlesung über Ethik gehört zu haben, „es gehöre zu den christlichen Staatsbürgerpflichten, eine Untersuchungshaft ruhig auf sich zu nehmen. Damals waren mir das leere Worte. Ich habe in den vergangenen Wochen manchmal daran gedacht; und nun wollen wir auch die Zeit, die uns noch auferlegt ist, ebenso ruhig und mit Geduld abwarten wie bisher.“ (WE, S. 55.)

„. . . Heute ist Reformationsfest, ein Tag, der einen gerade in unseren Zeiten wieder sehr nachdenklich machen kann. Man fragt sich, warum aus Luthers Tat Folgen

Mit Sabine Leibholz, der Zwillingsschwester, im Garten der Londoner Pension, Juli 1939.

entstehen mußten, die genau das Gegenteil von dem waren, was er wollte, und die ihm selbst seine letzten Lebensjahre verdüstert haben und ihm manchmal sogar sein Lebenswerk fraglich werden ließen. Er wollte eine echte Einheit der Kirche und der christlichen Völker, und die Folge war der Zerfall der Kirche und des Abendlandes; er wollte die ‚Freiheit des Christenmenschen', und die Folge war Gleichgültigkeit und Verwilderung ... danach die allmähliche Auflösung aller echten Bindungen und Ordnungen des Lebens." (WE, S. 70.)

Ein Weihnachtsbrief des Jahres 1943 läßt deutlich die große Enttäuschung verspüren, daß die erhoffte Freilassung nicht eintrat. Die Möglichkeit weiteren wochen- oder monatelangen Wartens wird gefürchtet und hinzugefügt, die letzten Wochen seien seelisch eine schwerere Belastung gewesen als alle früheren, weil es schwerer ist, sich in etwas zu fügen, wovon man glaubt, daß es hätte verhindert werden können, als in das Unvermeidliche. „Es ist zwar nicht alles, was geschieht, einfach Gottes Wille, aber es geschieht schließlich doch nichts ohne Gottes Willen (Matth. 10, 29), das heißt: es gibt durch jedes Ereignis, und sei es noch so unglücklich, hindurch einen Zugang zu Gott." In den vorausgegangenen Wochen hatte ihn das Lied bewegt: „Lasset fahr'n, o liebe Brüder, was euch quält, was euch fehlt; ich bring' alles wieder." (WE, S. 75.) Er findet den Gedanken großartig und tröstend, daß nichts verlorengeht. In Christus ist alles aufgehoben, aufbewahrt, allerdings in verwandelter Gestalt, durchsichtig, klar, befreit von der Qual des selbstsüchtigen Begehrens. Christus bringt alles wieder, wie es von Gott ursprünglich gemeint war, ohne die Entstellung durch die Sünde.

Nachdem Ende 1943 ganz sicher war, daß an eine Rückkehr in die Freiheit nicht mehr zu denken ist, spricht Bonhoeffer von der für ihn eingetretenen Lage als einer Sache, die für ihn ganz entscheidend eine Glaubensfrage ist. Bisher sah er das Ereignis zu sehr mit menschlicher Berechnung und Vorsicht verbunden. Im Glauben ist er jetzt entschlossen, alles zu ertragen, auch eine Verurteilung und weitere damit verbundene Folgen (Psalm 18, 30). Sorgen um seine Person weist er von sich mit dem Hinweis auf die anderen Brüder, die Gleiches durchmachen. Eine wirkliche Gefahr erblickt er in glaubenslosem Hin- und Herschwanken, endlosem Beraten ohne Handeln. „Ich muß die Gewißheit haben können, in Gottes Hand und nicht in Menschenhänden zu sein. Dann wird alles leicht, auch die härteste Entbehrung. Es handelt sich jetzt nicht bei mir um eine begreifliche Ungeduld, sondern darum, daß alles im Glauben geschieht." (WE, S. 129.) Mit großem Ernst weist er darauf hin, noch keinen Augenblick die Rückkehr 1939 aus Amerika bereut zu haben, noch auch die Folgen. Alles geschah in voller Klarheit und mit bestem Gewissen. Nur eins möchte er nicht: durch menschliches Handeln in Ungewißheit geraten. Er kann nur in der Gewißheit und im Glauben leben.

Als im Zusammenhang mit den Vorgängen um den 20. Juli 1944 der Augenblick näherrückte, der die Verlegung in die Gestapo-Keller der Prinz-Albrecht-Straße bringen sollte, sah Bonhoeffer diesem Ereignis gefaßt entgegen. Er erkannte, wo die Grenzen zwischen dem notwendigen Widerstand gegen das „Schicksal" und der ebenso notwendigen Ergebung liegen. Don Quichotte ist das Beispiel für die Fortsetzung des Widerstandes bis zum Wahnsinn; der Widerstand verliert seinen klaren Sinn. Auch das „Schicksal" erfordert entschlossenes Entgegentreten und zu gegebener Zeit auch Unterwerfung. Erst jenseits dieses zweifachen Vorganges kann man von „Führung" sprechen. Gott begegnet uns nicht nur als „Du", sondern auch verhüllt im „Es", und dem Häftling geht es darum, wie wir in diesem „Es" (Schicksal) das

„Du“ (Gott) finden und aus dem Schicksal wirklich „Führung“ wird. Die tägliche Bedrohung des Lebens, wie er sie ganz gegenwärtig erfährt, erwirkt in ihm einen Ansporn zur Wahrnehmung des Augenblicks, zum „Auskaufen der Zeit“. Manchmal erfüllt ihn der Gedanke, er lebe so lange, wie noch ein wirklich großes Ziel vor ihm liegt.

Ein Gespräch, in dessen Verlauf ein Mithäftling äußerte, die letzten Jahre seien für ihn verlorene Jahre gewesen, benutzt Bonhoeffer zu der Feststellung, daß er noch nicht einen Augenblick dieses Gefühl gehabt hat. Er sieht in seiner Lebensführung ein gradliniges und ungebrochenes Geschehen, soweit es die äußere Führung des Lebens angeht. Er nennt es eine ununterbrochene Bereicherung der Erfahrung, die ihn nur dankbar stimmt. Wenn der gegenwärtige Zustand der Abschluß seines Lebens wäre, so erblickt er darin einen Sinn, den er verstehen kann. Andererseits könnte für ihn alles auch gründliche Vorbereitung für einen neuen Anfang sein, der durch den Frieden und durch eine neue Aufgabe bezeichnet wäre.

Um die Pfingstzeit 1944 schrieb Bonhoeffer nach der Lektüre des Buches „Weltbild der Physik“ einige Sätze, die davon sprechen, daß Gott nicht zum Lückenbüßer unserer unvollkommenen Erkenntnis gemacht werden darf. Indem sich die Grenzen der Erkenntnis immer weiter hinausschieben, wird auch Gott immer weiter weggeschoben. „In dem, was wir erkennen, sollen wir Gott finden, nicht aber in dem, was wir nicht erkennen; nicht in den ungelösten Fragen will Gott von uns begriffen sein ... Aber es gilt auch für die allgemein menschlichen Fragen von Tod, Leiden und Schuld. Es ist heute so, daß es auch für diese Fragen menschliche Antworten gibt, die von Gott ganz absehen können ... Was den Begriff der ‚Lösung‘ angeht, so sind die christlichen Antworten ebensowenig – oder ebensogut – zwingend wie

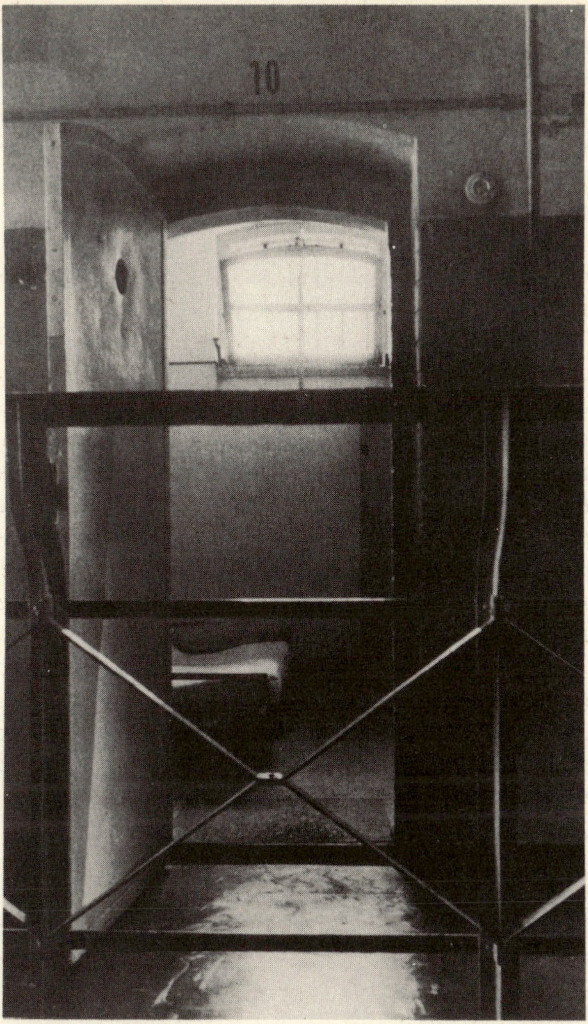

Die Zelle von Tegel.

andere mögliche Lösungen ... Gott ist auch hier kein Lückenbüßer; nicht erst an den Grenzen unserer Möglichkeiten, sondern mitten im Leben muß Gott erkannt werden, im Leben und nicht erst im Sterben, in Gesundheit und Kraft und nicht erst im Leiden; im Handeln und nicht erst in der Sünde will Gott erkannt werden. Der Grund dafür liegt in der Offenbarung Gottes in Jesus Christus. Er ist die Mitte des Lebens und keineswegs ‚dazu gekommen', uns ungelöste Fragen zu beantworten ... In Christus gibt es keine ‚christlichen Probleme'." (WE, S. 211.)

Die Losungen der Brüdergemeine, die den Verhafteten täglich begleiteten, haben an manchen Tagen zu besonderen Betrachtungen der Texte geführt. Im Anschluß an 4. Mose 11 und 2. Korinther 1 wird ihm klar, daß alles auf das „In ihm" ankommt. „Alles, was wir mit Recht von Gott erwarten, erbitten dürfen, ist in Jesus Christus zu finden. Was ein Gott, wie wir Menschen uns ihn denken, alles tun müßte und könnte, damit hat der Gott Jesu Christi nichts zu tun. Wir müssen uns immer wieder sehr lange und sehr ruhig in das Leben, Sprechen, Handeln, Leiden und Sterben Jesu versenken, um zu erkennen, was Gott verheißt und was er erfüllt. Gewiß ist, daß wir immer in der Nähe und unter der Gegenwart Gottes leben dürfen und daß dieses Leben für uns ein ganz neues Leben ist ... Wir meinen, weil dieser oder jener Mensch lebt, habe es auch für uns einen Sinn zu leben ... Wenn die Erde gewürdigt wurde, den Menschen Jesus Christus zu tragen, wenn ein Mensch wie Jesus gelebt hat, dann und nur dann hat es für uns Menschen einen Sinn zu leben. Hätte Jesus nicht gelebt, dann wäre unser Leben trotz aller anderen Menschen, die wir kennen, verehren und lieben, sinnlos." (WE, S. 265/66.) Bonhoeffer ist es wichtig, sich von Zeit zu Zeit darüber klarzuwerden, auf welchen Fundamenten wir weiterleben wollen.

Ganz besonders wertvolle Zeugnisse der Haftzeit sind Gebete, die Bonhoeffer für seine Mitgefangenen auf ihre Bitten geschrieben hat. Ein Morgengebet möge hier stehen:

> „Gott, zu dir rufe ich in der Frühe des Tages:
> Hilf mir beten
> und meine Gedanken sammeln zu dir;
> ich kann es nicht allein.
> In mir ist es finster,
> aber bei dir ist das Licht;
> ich bin einsam, aber du verläßt mich nicht;
> ich bin kleinmütig, aber bei dir ist die Hilfe;
> ich bin unruhig, aber bei dir ist die Geduld;
> ich verstehe deine Wege nicht,
> aber du weißt den Weg für mich."
> (WE, S. 96.)

In einem Gebet für besondere Not heißt es:

> „Herr Gott,
> großes Elend ist über mich gekommen.
> Meine Sorgen wollen mich erdrücken.
> Ich weiß nicht ein noch aus;
> Gott, sei mir gnädig und hilf!
> Gib Kraft zu tragen, was du schickst!
> Laß die Furcht nicht über mich herrschen!
> Sorge du väterlich für die Meinen,
> für Frau und Kinder!" (WE, S. 100.)

Der Todesweg

Im Februar 1945 wurde Bonhoeffer nach Weimar in das Konzentrationslager Buchenwald geschafft. „Es war später Abend am Osterdienstag, dem 3. April 1945. Vom Westen her grollten die amerikanischen Geschütze. Ein unförmiger, geschlossener Holzgaser rollte aus den Toren von Buchenwald hinaus in die Nacht. Im Wagen türmten sich vorn die Holzstücke für den Generator. Dahinter mühten sich sechzehn Gefangene, mitsamt ihrem immer noch vorhandenen Gepäck in einem Raum unterzukommen, der höchstens für acht Menschen berechnet war. Wem nicht gut war, der fand Erholung auf den zusammengelegten Händen der Kameraden. Josef Müller, Hauptmann Gehre, die Generäle von Falkenhausen und von Rabenau (mit ihm hatte Dietrich Bonhoeffer die letzten zwei Monate die Zelle geteilt und manches Schachspiel ausgetragen), Staatssekretär Pünder und Wassili Kokorin, der Neffe Molotows, Flieger wie der Engländer Hugh Falcomer, Payne Best, von Petersdorff und andere – die ganze prominente Besatzung des fensterlosen Kellerbunkers im Lager Buchenwald. Alle Stunde hielt das Fahrzeug, die Züge des Generators mußten gereinigt werden. Drinnen gab es kein Licht, nichts zu essen und zu trinken. Bonhoeffer fand in seinen Schätzen noch eine Tabakration und ließ sie die Runde machen. Mit dem Morgengrauen nahmen die Holzstücke ab. Zwei der Gefangenen konnten jetzt immer abwechselnd an der Türluke stehen. Jemand erkannte ein Dorf. Die Richtung war nicht erfreulich. Sie war deutlich südöstlich. Dort gab es ein anderes Lager. Die Wageninsassen kannten seinen Namen und seine Bestimmung: Flossenbürg. Aber die Wächter hatten jetzt sogar ein Frühstück bereit.

Gegen Mittag, Mittwoch der Osterwoche, erreichten sie Weiden. Hier mußte es sich entscheiden, ob jetzt

Konzentrationslager Flossenbürg.

links abgebogen würde in das schmale Tal nach Flossenbürg hinauf. Man hielt. Draußen gab es einen Wortwechsel: ‚Weiterfahren, können euch nicht behalten ... zu voll!' Und wirklich setzte sich der Gaser wieder in Bewegung – geradeaus, nach Süden. Also doch nicht Vernichtungslager? Aber wenige Kilometer später winkten zwei Polizeifahrer zum Stoppen. Gegenorder? Müller und Liedig, der Fregattenkapitän, wurden herausgerufen, ihre Sachen aus dem Gepäckhaufen hinten herausgerissen. Dietrich beugte sich zurück, um nicht gesehen zu werden. Gehre jedoch, der Unglückliche mit seiner schwarzen Augenbinde, sprang nach; er hatte mit Müller die Zelle geteilt. – Josef Müller würde entkommen, aber Gehre mit Bonhoeffer am 9. April das Schicksal von Flossenbürg teilen. – Endlich ruckte es wieder an, doch die Bedrücktheit wollte in dem geräumiger gewordenen Kasten nicht weichen. Aber nun, da Flossenbürg hinter ihnen lag, wurden die Wächter gelöster und freundlicher. An einem Bauernhaus ließen sie die Anbefohlenen aussteigen. Freie Luft nach so vielen Monaten Kellerhaft! Die Männer durften an die Pumpe im Hof heran, eine Bauersfrau brachte einen Krug Milch und Roggenbrot. Es wurde ein schöner heller Nachmittag das Nabtal hinunter.

In der Dämmerung fuhr der Wagen in Regensburg ein. Auch hier Überfüllung. Schließlich öffnete sich die Tür, und die Männer wurden in das Gerichtsgefängnis hineinkommandiert. Wenn es zu schroff herging, verbaten sie sich den Ton. ‚Schon wieder Aristokraten', meinte einer der Wächter. ‚Hinauf zu den anderen im 2. Stock!' Dort lagen und liefen auf den Gängen die vorher eingetroffenen Sippenhäftlinge: die Familien Goerdeler, Stauffenberg, Halder, Hassel, alt und jung. Die Angekommenen mußten zu fünft in die Einzelzellen; aber jeder suchte sich aus, mit wem er sich einschließen ließ. Mit Bonhoeffer lagen nun von Rabenau, Pünder, von Falkenhausen und Dr. Höppner, der Bruder des Generals, zusammen. Die Küchen waren schon geschlossen; aber die Häftlinge lärmten so lange, bis ein verschüchterter Wächter tatsächlich noch eine Gemüsesuppe auftrieb und zusammen mit einem Stück Brot verteilte.

Als am Morgen des Donnerstags dieser Osterwoche die Türen zum Waschen geöffnet wurden, gab es auf den Korridoren ein großes Erkennen, Vorstellen und Austauschen. Best erzählt, es habe mehr einem großen Empfang geglichen als einem Morgen im Gefängnis. Hilflos versuchten die Wächter, die Männer wieder in ihre Zellen zurückzudirigieren. Schließlich brachte man das Essen in die Zellen, und allmählich saßen die ‚Fälle' wieder hinter den Riegeln. Bonhoeffer verbrachte die meiste Zeit an dem kleinen Schieber der Zellentür und berichtete den verschiedenen Angehörigen, was er von seinen Mithäftlingen in der Prinz-Albrecht-Straße wußte, wo er bis zum 2. Februar gesessen und u. a. manche Gespräche mit Böhm, Schlabrendorff und Hans von Dohnanyi geführt hatte ... Bonhoeffer war guter Dinge und meinte, daß er der schlimmsten Gefahrenzone entronnen sei. Die Sorge um die Eltern und die Verlobte konnte ihm freilich niemand nehmen oder zerstreuen ... Mit der sinkenden Sonne wurde es ruhiger, und die Müdigkeit nahm überhand. Aber jetzt kam wieder einer der Buchenwald-Wächter und holte die Männer hinunter in den wohlbekannten Holzgaser, hinein in eine rauhe, regnerische Nacht ...

Endlich, im Morgenlicht des 6. April, Freitag der Osterwoche, ließen die Wächter ihre Schützlinge heraus, damit sie sich die Beine vertreten und sich etwas aufwärmen konnten. Mittags erschien aus Regensburg ein ungewohnt schöner Autobus mit großen heilen Fenstern. Die Habseligkeiten wurden umgeladen. Bonhoeffer hatte immer noch eine Reihe seiner geliebten Bücher bei sich ... Zehn neue Leute des SD übernahmen mit ihren Maschinenpistolen den Transport. Aber es war dennoch ein neuer Genuß, an den großen Fenstern durch das liebliche Land zu fahren, von der Donau herauf, am Kloster Metten vorbei in Stifters Bayerischen Wald hinein. Den Dorfmädchen, die mitgenommen werden wollten, erzählte der Fahrer, die Gruppe in dem feinen Omnibus sei eine Filmgesellschaft zur Aufnahme eines Propagandafilms. Aus einem Bauernhaus holten sich die SS-Männer eine Mütze voll Eier, aber nur für ihre eigene Verpflegung.

Am frühen Nachmittag war das Ziel erreicht: Schönberg unterhalb Zwiesel, ein hübsches Dorf mitten im Wald. An der Dorfschule begann das Ausladen; die Sippenhäftlinge waren schon da. Die Gruppe der ‚Fälle' kam in den ersten Stock, in einen hellen Schulsaal mit Fenstern nach drei Seiten in das grüne Bergtal hinaus. Hier standen richtige Betten mit farbigen Decken. Zwar blieb die Tür verschlossen, aber es war nun sonnig und warm, und Bonhoeffer saß lange am offenen Fenster und ließ sich bescheinen, plauderte mit Pünder, lernte Russisch mit Kokorin und erzählte diesem vom Wesen des christlichen Glaubens ... Nur die Verpflegungsfrage war nicht gelöst. Schließlich gelang aber über die frierenden Sippenhäftlinge ein Kontakt zu mitleidigen Dorfbewohnern, und es gab sogar einmal eine große Schüssel mit dampfenden Pellkartoffeln und am anderen Tag einen Kartoffelsalat ...

An jenem Freitag nach Ostern fuhr der SS-Standartenführer und Regierungsdirektor Walter Huppenkothen aus dem KZ Sachsenhausen nachmittags wieder nach Berlin zurück. Zusammen mit dem KZ-Kommandanten hatte er eben in einem flüchtigen Standgericht den halb besinnungslos auf einer Bahre liegenden Dohnanyi, den Schwager Dietrich Bonhoeffers, zum Tode verurteilen lassen. Am Tage davor war in Berlin nach der Mittagsbesprechung beim Führer der ganze Plan in Gang gesetzt, wer aus der Widerstandsbewegung zu erledigen und wer weiter nach Süden zu befördern sei. Am Tage danach befand sich Huppenkothen schon wieder auf dem Weg nach Süden, mit Benzin, vielen Koffern, wichtigen Akten und dem Tagebuch des Admirals Canaris. Er kam noch am gleichen Tage im KZ Flossenbürg an, um sofort die Vorbereitungen eines summarischen Standgerichts aufzunehmen. Als Vorsitzender war am 5. April der SS-Richter Dr. Otto Thorbeck aus Nürnberg bestellt worden. Dieser fuhr am Sonntagmorgen mit einem Güterzug bis nach Weiden und quälte sich die restlichen 20 km mit einem Fahrrad nach Flossenbürg hinauf, seiner Aufgabe entgegen. Im KZ selber wurde geprüft, ob alles bereit sei, den Schlußakt an Canaris, Oster, Sack, Strünk, Gehre und Bonhoeffer zu beginnen. Jedoch die Anwesenheitsmeldung stimmte nicht. Wo steckte Bonhoeffer? Man riß in der Nacht zum Sonntag in mehreren Zellen die Tür auf, um nachzufragen, ob der Insasse nicht vielleicht doch der von Buchenwald überstellte Bonhoeffer sei. Schlabrendorff wurde zweimal angeschrien: „Sie sind doch Bonhoeffer", Josef Müller und Liedig ebenso. Er war nicht da. So mußte er in dem Transport nach Süden stekkengeblieben sein. Was tat es! In dieser Organisation funktionierten noch der Wagenpark und die Benzinversorgung. Es war noch ein ganzer Sonntag Zeit, den beinah 200 km langen Berg- und Talweg nach Schönberg hin und zurück zu machen.

In Schönberg beging man den Weißen Sonntag auch in der Schule. Pünder hatte den Einfall, Bonhoeffer um eine Morgenandacht zu bitten. Aber dieser wollte nicht. Die Mehrzahl der Kameraden war katholisch. Und da war der junge Kokorin, dem Bonhoeffer nahegekommen war – er hatte mit ihm die Berliner Anschrift gegen die Moskauer ausgetauscht –, und den er wohl nicht mit einem Gottesdienst überfallen wollte. Dann aber war Kokorin dafür, und so hielt Bonhoeffer denn auf allgemeinen Wunsch eine Andacht. Er las die Texte des Quasimodogeniti, sprach Gebete und legte seinen Kameraden die Losung des Tages aus: ‚Durch seine Wunden sind wir geheilt' (Jes. 53, 5) und ‚Gelobt sei Gott und der Vater unseres Herrn Jesu Christi, der uns nach seiner großen Barmherzigkeit wiedergeboren hat zu einer lebendigen Hoffnung durch die Auferstehung Jesu Christi von den Toten' (1. Petr. 1, 3). Er sprach von den Gedanken und den Entschlüssen, die diese gemeinsame turbulente Gefangenschaft allen gebracht hatte. Nach dem Gottesdienst planten die Sippenhäftlinge, Bonhoeffer in ihren Saal herüberzuschmuggeln, um auch dort eine Andacht zu haben. Aber es dauerte nicht lange, bis die Tür aufgerissen wurde und zwei Zivilisten riefen: ‚Gefangener Bonhoeffer, fertigmachen und mitkommen!'

Bonhoeffer konnte noch seine Sachen zusammensuchen ... Payne Best sagte er noch besondere Grüße an den Bischof von Chichester, wenn er seine Heimat erreichen sollte. ‚Das ist das Ende – für mich der Beginn des Lebens' waren die letzten Worte, die uns Best überliefert. Eilig lief er die Treppe hinunter und nahm noch einen Abschiedsgruß Frau Goerdelers mit.

Die Fahrt in den Sonntag muß bis in den späten Abend gedauert haben. Das Standgericht, Thorbeck als Vorsitzender, Huppenkothen als Anklagevertreter und der Lagerkommandant als Beisitzer, behauptet, ausführlich getagt zu haben. Jeden einzelnen hätten sie vernommen und auch noch gegenübergestellt: Canaris und Oster, Sack, den Heeresrichter, der Perels in Berlin seinerzeit so viel geholfen hatte. Strünk und Gehre und endlich auch Dietrich Bonhoeffer. Nach Mitternacht signalisierte Canaris durch Klopfzeichen, als er nach längerer Abwesenheit in seine Zelle zurückkehrte, seinem Zellennachbarn, dem dänischen Oberst Lundig, daß es mit ihm zu Ende gehe.

Noch vor Morgengrauen verließ Flossenbürg der erste Transport von solchen, die der geheimnisvollen Karawane in die Alpen angeschlossen wurden: Schacht, Halder, von Bonin, Familie Schuschnigg, General Thomas. Der Kommandant der Prinz-Albrecht-Straße, Gogalla, leitete diesen Transport und trug die Geheime Reichssache bei sich, in der stand, welche Häftlinge nun besser zu behandeln seien und überleben sollten. Unterwegs hielt der Wagen in Schönberg und lud unter anderen dazu von Falkenhausen, Kokorin, Best, Falcomer. In Dachau gehörte zu den Ausgesuchten auch Martin Niemöller.

In Flossenbürg aber vollzog sich in der grauen Dämmerung dieses Montags, 9. April, die Hinrichtung derer, die unter keinen Umständen überleben sollten. Der Lagerarzt sah Bonhoeffer in der Vorbereitungszelle knien und inbrünstig beten. Die Bibel und einen Band Goethe hat Philipp von Hessen später in seiner Zelle gehabt und Dietrich Bonhoeffers Namen darin gelesen. – Am gleichen Tag hat man in Sachsenhausen den Schwager Hans von Dohnanyi umgebracht.

„Der die Sünde straft und gern vergibt,
Gott, ich habe dieses Volk geliebt.
Daß ich seine Schmach und Lasten trug
und sein Heil geschaut – das ist genug.
Halte, fasse mich! Mir sinkt der Stab;
treuer Gott, bereite mir mein Grab!"

(Aus dem Gedicht: Der Tod des Mose
[Lettner-Verlag].)

(Dieser Abschnitt ist wörtlich wiedergegeben aus: E. Bethge, „Die letzten Tage“ in WE, S. 287–293.)

So endete der Weg dieses Blutzeugen in der Nachfolge Christi auf der Höhe seines Lebens durch einen gewaltsamen Tod. Geblieben sind seine Worte: „Es kommt wohl nur darauf an, ob man dem Bruchstück unseres Lebens noch ansieht, wie das Ganze eigentlich angelegt und gedacht war und aus welchem Material es besteht. Es gibt Bruchstücke, die nur noch auf den Kehrichthaufen gehören, und solche, die bedeutsam sind auf Jahrhunderte hinaus, weil ihre Vollendung nur eine göttliche Sache sein kann, also Bruchstücke, die Bruchstücke sein müssen – ich denke an die Kunst der Fuge. Wenn unser Leben auch nur ein entferntester Abglanz eines solchen Bruchstücks ist, in dem wenigstens eine Zeitlang die sich immer stärker häufenden, verschiedenen Themata zusammenstimmen, und in dem der große Kontrapunkt von Anfang bis zum Ende durchgehalten wird, so daß schließlich nach dem Abbruch höchstens noch der Choral ‚Vor deinen Thron tret' ich hiermit‘ angestimmt werden kann, dann wollen wir uns auch über unser bruchstückhaftes Leben nicht beklagen, sondern sogar daran froh werden.“ (WE, S. 153.)

Unter seinen Aufzeichnungen fand sich folgende Bitte für den Fall seines Ablebens: „Übrigens, wenn ich mal begraben werde, dann möchte ich gern, daß das ‚Eins bitt' ich vom Herren‘ und ‚Eile, mich, Gott, zu erretten‘ und ‚O bone Jesu‘ gesungen wird.“

Wagnis der Nachfolge

Am 9. April 1945 löschten die Schergen des Nationalsozialismus das Leben Dietrich Bonhoeffers aus. Der Mut dieses Blutzeugen, der seinen Mitgefangenen in Liebe und Treue gedient hat, war mancherlei Anfechtungen ausgesetzt. Bonhoeffer hat immer wieder im täglichen Umgang mit dem Wort der Schrift Kraft und Trost gesucht und gefunden.

In seinem letzten Brief heißt es: „Bitte macht Euch nie Sorgen und Gedanken um mich! Gottes Hand und Führung ist mir so gewiß, daß ich hoffe, immer in dieser Gewißheit bewahrt zu werden. Ihr dürft nie daran zweifeln, daß ich dankbar und froh den Weg gehe, den ich geführt werde. Mein vergangenes Leben ist übervoll an Gottes Güte, und über der Schuld steht die vergebende Liebe des Gekreuzigten. Am dankbarsten bin ich für die Menschen, denen ich nahe begegnet bin, und ich wünsche nur, daß sie sich nie über mich betrüben müssen, sondern daß auch sie immer nur dankbar der Güte und der Vergebung Gottes gewiß sind. Ich wollte das gern einmal gesagt haben, so daß Ihr es wirklich nur mit Freuden hört." (E. Bethge, Bonhoeffer-Gedenkheft, S. 19.)

Ausgerüstet mit großen Gaben des Geistes, war Dietrich Bonhoeffer ein treuer Zeuge Jesu Christi, der das Evangelium mit Vollmacht verkündigte und schon in jungen Jahren ein echter Seelsorger an anderen wurde. Lange ehe er Gelegenheit hatte, vor großen Gemeinden Gottes Wort zu verkündigen oder durch ein Buch von durchschlagender Kraft die Aufmerksamkeit der Öffentlichkeit auf sich zu lenken, übte er vor allem von Mensch zu Mensch einen starken Einfluß auf viele aus. Es gab in aller Welt eine in der Stille gewachsene Gemeinde von erstaunlicher Größe, die sich in tiefer Dankbarkeit um ihn geschart hatte. Gott hatte der Welt in ihm viel geschenkt. Nicht wenige, denen er ein Freund und Lehrer war, zählen zu den Opfern des Krieges. Er war ihr Seelsorger; er hat dazu geholfen, daß sie als gereifte Christen in die Ewigkeit gingen. „Er wußte, daß Worte nur Gewicht haben, wenn sie die Ermächtigung der Situation und der

Persönlichkeit mit sich tragen. Sein Werk war ständig begleitet von Experimenten und Wagnissen. Er war gequält von der Zungenfertigkeit und von der langweiligen Gedehntheit des christlichen Redens und Predigens, des Dreinredens und Drüberhinredens. Er hat gemeint, daß man eher Gefahren der Mißverständnisse eingehen und lieber vor den Kopf stoßen soll, als die Kostbarkeit des Evangeliums weiter aufs Spiel zu setzen. Jesus Christus bedeutet für ihn in jedem Abschnitt eine verwirrende Fülle neuer Entdeckungen, reich, herausfordernd, enthüllend und beschämend, er bindet und kommt daher mit lauter freundlichen Erlaubnissen. Ein Rabbiner schrieb mir nach dem Erscheinen von ‚Widerstand und Ergebung', durch Bonhoeffer sei ihm zum ersten Male verständlich geworden, daß einer zur Anbetung der Person Jesu kommen könne." (E. Bethge, in: Die mündige Welt I [= MWI], S. 8.)

Mit großer Klarheit sah Bonhoeffer, daß noch nie in der Geschichte Christen so sehr ohne Boden unter den Füßen lebten wie in der Gegenwart. Für ihn waren alle Gegenwartsmöglichkeiten gleich unerträglich, lebenswidrig und sinnlos. Die Quelle aller Kraft suchte er im Blick auf das kommende Gottesreich. Ihm kam es darauf an, wer bei der großen Maskerade des Bösen, die alle ethischen Begriffe durcheinanderwirbelt, standhält. Das Böse erschien für ihn in der Gestalt des Lichts, der Wohltat, des geschichtlich Notwendigen, des sozial Gerechten. Für die ethische Begriffswelt des Christen zunächst verwirrend; sofern er jedoch aus der Bibel lebt, nur die Bestätigung der abgründigen Bosheit des Bösen. Nach Bonhoeffer hält nur der stand, dem nicht seine Vernunft, sein Prinzip, sein Gewissen, seine Freiheit, seine Tugend der letzte Maßstab sind, sondern der dies alles zu opfern bereit ist und sich im Glauben und in alleiniger Bindung an Gott zu gehorsamer und verantwortlicher Tat rufen läßt, der Verantwortliche, dessen Leben nichts sein will als eine Antwort auf Gottes Frage und Ruf.

Von Bonhoeffers Erkenntnissen aus verbietet es sich daher, die Welt in zwei Räume oder zwei Wirklichkeiten, eine Christus- und eine Weltwirklichkeit, aufzuspalten. „Indem die Kirche die Wirklichkeit Gottes über dieser Welt verkündet und glaubend lebt, ist sie Kirche Jesu Christi. Durch sie und in ihr will Jesus Christus auf dieser Erde Gestalt gewinnen. Sie wird also nur Kirche Jesu Christi sein können, indem sie selbst ganz für andere da ist und darauf verzichtet, sich selbst zu behaupten. Sie wird darum ihr Leiden als notwendigen Bestandteil ihres Lebens mit Christus bejahen. Die Kirche, die so aus ihrem Herrn existiert, wird in ihrer Predigt nicht auf ein metaphysisches Jenseits, sondern auf den Nächsten als unser eigentliches Jenseits verwiesen. Die Kirche wird sich die großen biblischen Begriffe neu erarbeiten müssen. Sie wird in ihnen nicht Antworten auf unsere Fragen und Hilfen für unsere Nöte sehen dürfen. Sie wird sie als Aussagen über die Wirklichkeit unseres Menschseins, wie es durch Menschwerdung, Tod und Auferstehung Jesu Christi geprägt ist, nehmen. Sie wird sie so verstehen, daß sie ein Leben für Gott und den Nächsten bezeichnen. Solche Interpretation kann nur in einer zum Christusdienst befreiten Kirche geleistet werden. Die Predigt aber, die sich davon leiten läßt, wird gehört werden. Sie wird die Welt verändern." (A. Schönherr, in: MW I, S. 83, 85, 87.)

Bonhoeffer besaß eine nüchterne, aber leidenschaftliche und brennende Liebe auf dem Weg der Nachfolge Jesu. Frühzeitig warnte er in den Anfängen des Kampfes, den die „Deutschen Christen" heraufbeschworen hatten, davor, die scharfe Grenze zwischen Wahrheit und Lüge zu verwischen und das Verleugnen dem Bekennen vorzuziehen. Seine Liebe zur Kirche war nicht Liebe zu Menschen, sondern Liebe zum Worte Gottes, zur Heiligen Schrift und ihrer Wahrheit. Nicht eigene Philosophie wollte er bringen, auch nicht im Gewande reformatorischer Theologie, sondern die Wahrheit Christi bezeugen in gehorsamer Auslegung der Heiligen Schrift. Daß die Schrift eine ganze Welt umfaßt mit Höhen und Tiefen, daß sie helle Täler und Wiesen besitzt, in denen auch ein Kind sich tummeln kann, und geheimnisvolle, rätselhafte Felsen und Abgründe, die die mühevolle Arbeit eines langen Lebens nicht ergründen kann, das wußte er. Bonhoeffer ging oft eigene, umstrittene Wege, aber immer waren es Wege, die gehorsam dem nachspüren wollten, was geschrieben steht. Seine Bibelauslegungen, Predigten und Bibelstunden haben immer in den Reichtum der Schrift hineingeführt. Vor allem wollte er den Menschen einüben, mit der Schrift im täglichen Leben umzugehen. Im Hören auf das Wort Gottes galt es für ihn zuerst einmal, stille zu werden, statt gleich mit den eigenen Gedanken darüber herzufallen. Von ihm konnten die Zuhörer lernen, eine Predigt wirklich zu hören, Andacht zu üben und sich geistlich in Zucht zu nehmen.

Von der Schrift her hat er es als eine Verengung der biblischen Botschaft bekämpft, daß theologische Lehrmeinungen das gehorsame Handeln des Christen im persönlichen wie politischen Leben weithin außer Kraft gesetzt hatten. Denn mit Schlagworten wie: „Das Politische hat seine Sondergesetze“ oder: „Mit den christlichen Lebensregeln kann man nicht die Welt regieren“ leistete man nur der Zerstörung von Kirche und Staat Vorschub.

Leidenschaftlich wandte er sich stets gegen jede Verschleuderung der „billigen Gnade“: die Liebe zur Kirche, zum Wort, zu den Brüdern, zur Welt war im Grunde bei ihm „Liebe zu seinem Herrn Jesus Christus“. Weil die Gnade Jesu Christi keine billige Schleuderware, sondern kostbares Geschenk ist, darum läßt sich der Christ die

Nachfolge etwas kosten, wenn es gefordert wird. Der Preis kann nach den Worten Jesu verschieden sein, aber er wird auf jeden Fall Opfer, Verzicht und Armut bedeuten: Verzicht auf Reichtum, Verzicht auf Ehre, Verzicht auf Rache und Vergeltung. Für ihn war es sehr wichtig, daß Jesus Christus das Gebot der Wehrlosigkeit und Friedfertigkeit so eindringlich gegeben hat, und es bekümmerte ihn tief, daß die Christen es so oft mißachteten.

Sehr ernst nahm er es mit dem Anliegen, daß wir in der Nachfolge Christi Böses mit Gutem vergelten und sanftmütig sind im Kleinen und im Großen. Als ein Ausländer ihn einmal fragte: „Was werden Sie in einem kommenden Kriege tun?“, da antwortete er: „Ich bitte Jesus darum, daß er mir in jedem Augenblick die Kraft geben möge, nicht die Waffe zu ergreifen.“ Er ging dann später einen anderen Weg, einen Weg nicht des Soldaten, aber auch nicht der leidenden Liebe, sondern einen dritten Weg. Es war eine Randmöglichkeit des Christen: der Weg des Widerstandes gegen eine gottlose Obrigkeit, und wie wir noch sehen werden, war auch dieser Ausnahmeweg ein Weg des Gehorsams und der Liebe zu Jesus Christus.

Seine Lebenswanderung begann im Hellen und endete im Dunkeln, sie wies auf den vorausgegangenen Herrn Christus. Er war ein Zeuge, den Jesus gewürdigt hatte, ihn durch seinen Tod zu preisen, und dessen Leben in seinem ewigen Plan gewiß einen guten Sinn hat. In der Heiligen Schrift laufen geheimnisvolle Fäden zwischen Wissen und Gehorsam, Erkennen und Lieben. Der Grund für dieses alles liegt nicht in den Fähigkeiten des Menschen, sondern in dem Werk des dreieinigen Gottes. So kann der Hinweis auf die Liebe Dietrich Bonhoeffers zu seinem Herrn, dem seine Nachfolge galt, nichts anderes sein als ein Zeugnis von der Herrlichkeit des dreieinigen Gottes:

Es ist ja, Herr, dein G'schenk und Gab'
mein Leib und Seel' und was ich hab'
in diesem armen Leben.
Damit ich's brauch' zum Lobe dein,
zu Nutz und Dienst des Nächsten mein,
woll'st mir dein' Gnade geben.
Behüt mich, Herr, vor falscher Lehr';
des Satans Mord und Lügen wehr;
in allem Kreuz erhalte mich,
auf daß ich's trag' geduldiglich!
Herr Jesu Christ, mein Herr und Gott,
mein Herr und Gott,
tröst mir mein' Seel' in Todesnot!

Das Glaubenszeugnis

Als der Todestag Dietrich Bonhoeffers sich 1946 zum ersten Male jährte, fand in Berlin ein Gedenkgottesdienst statt. Damals sang die Gemeinde aus dem Lied von Paul Gerhardt:

Ich hang' und bleib' auch hangen
an Christo als ein Glied;
wo mein Haupt durch ist 'gangen,
da nimmt er mich auch mit.
Er reißet durch den Tod,
durch Welt, durch Sünd' und Not.
Er reißet durch die Höll',
ich bin stets sein Gesell.

Er dringt zum Saal der Ehren,
ich folg' ihm immer nach
und darf mich gar nicht kehren
an Not und Ungemach.

Es tobe, was da kann;
mein Haupt nimmt sich mein an.
Mein Heiland ist mein Schild,
der alles Toben stillt.

Wie dieser fromme Liederdichter hat auch der frühvollendete Pfarrer Bonhoeffer unter dem Leitstern gelebt: Wo Gott ist, da ist die Wahrheit. Strebt ein Mensch in tiefster Seele danach, die Wahrheit zu tun, aus seinem Glauben, aus seinen Worten Taten werden zu lassen, so rückt sein Leben in Gottes Nähe. Er braucht das Licht Gottes nicht zu scheuen, sondern wandert in seinem ganzen Leben dem Lichte zu. Bonhoeffer wollte in allem, was er an Auslegung über die Bibel bot, dem Sieg der Wahrheit Gottes über die Lüge der Welt den Weg bereiten und diese Gewißheit bezeugen. Mit großer Klarheit hatte er erkannt, daß die ganze Heilige Schrift vom Menschen spricht, der in mannigfacher Weise in der Versuchung steht. Die entscheidende Tatsache dabei ist, daß der versuchte Christ verlassen ist von allen seinen Kräften, ja von ihnen bekämpft wird; verlassen von allen Menschen, verlassen von Gott selbst. „Mein Herz bebt, meine Kraft hat mich verlassen, und das Licht meiner Augen ist nicht bei mir“ (Psalm 38, 11). Der Mensch ist nichts. Der Feind ist alles.

Folgen wir hier eine kurze Wegstrecke dem Bibelausleger Bonhoeffer in seinem Buch „Versuchung“! Der Mensch ist in der Versuchung allein, der Teufel hat einen kleinen Augenblick Raum bekommen. Wie soll der verlassene Mensch dem Teufel begegnen? Es ist der Fürst dieser Welt, der hier gegen ihn steht. „Der natürliche Mensch sucht die Bewährung seiner Kraft im Abenteuer, im Kampf, in der Begegnung mit dem Feind. ‚Und setzet ihr nicht das Leben ein, nie wird euch das Leben gewonnen sein.‘ Das ist die Erkenntnis des natürlichen Menschen. Auch der ethische Mensch weiß, daß seine Erkenntnisse nur wahr und überzeugend werden in der Erprobung und Bewährung, daß das Gute nur leben kann vom Bösen, daß das Gute ohne das Böse nicht mehr gut wäre; so fordert der ethische Mensch das Böse heraus, sein tägliches Gebet ist: Führe mich in Versuchung, auf daß ich die Kraft des Guten in mir erprobe!" (Bonhoeffer, Versuchung, S. 7.) Wäre Versuchung wirklich Erprobung der eigenen Kraft – sei es der eigenen, der ethischen oder auch der christlichen Kraft – am Widerstand, am Feind, so wäre in der Tat das Gebet des Christen: „Führe uns nicht in Versuchung!" unverständlich. Auch dem Christen ist die Erkenntnis dieser Welt, daß Leben nur am Tod, Gutes nur am Bösen gewonnen wird, nicht fremd. Das alles hat mit der Versuchung, von der Christus spricht, nichts zu tun. Es trifft nicht die Wirklichkeit, die tatsächlich gemeint ist. Die Bibel meint mit Versuchung niemals die Erprobung meiner menschlichen Kraft, weil es das Wesen der biblischen Versuchung ist, daß sich hier zu unserem Erschrecken alle eigenen Kräfte gegen uns selbst wenden, daß alle eigenen Kräfte, auch gute und fromme Kräfte, in die Hände der feindlichen Macht gefallen sind. Die Kraft wird schon geraubt, ehe ihre Erprobung erfolgen kann.

Ein wirkliches Verstehen dessen, was Versuchung heißt, kann für Bonhoeffer nur von der Versuchung Christi her deutlich werden. Die entscheidenden Versuchungsgeschichten der Heiligen Schrift sind mit der Versuchung der ersten Menschen und der Versuchung Jesu Christi gegeben. Immer werden wir entweder versucht in Adam oder wir werden versucht in Christus. Das eine Mal kommen wir zu Fall, das andere Mal muß Satan fallen.

Mit der Versuchung Adams werden wir vor das Rätsel des Versuchers im Paradies gestellt. Mit jenem Geschehen wird deutlich, daß der Versucher immer auch schon da ist, wo Unschuld ist. Wo Unschuld ist, stellt sich zugleich Versuchung ein; denn wo Schuld ist, hat der Versucher schon die Macht gewonnen. Das unvermittelte Erscheinen der Versucherstimme im Paradies, die durch nichts begründete und gerechtfertigte Anwesenheit des Satans im Paradies macht erst sein Wesen als Verführer aus. Vollkommen seinen Ursprung verbergend, ist er plötzlich da und spricht zu uns. So bleibt sein Ursprung nicht nur ein als „Hölle“ bekannter Abgrund, er ist vollkommen unsichtbar. Diese Verleugnung des Ursprungs gehört zum Wesen des Verführers. Weil Unschuld mit ungeteiltem Herzen an Gottes Wort hängen heißt, muß die Verleugnung des Ursprungs bis zum Letzten erfolgen. Darum scheut der Versucher nicht davor zurück, sich in Gottes Namen einzuführen: „Sollte Gott gesagt haben?“ Das rechte Verständnis des Wortes Gottes wird angezweifelt.

Von dem Ausmaß der namenlosen Angst, die den ersten Menschen vor solcher Möglichkeit befallen haben muß, können wir uns kein Bild machen. Der Abgrund noch unbekannter Schuld tut sich auf, der Zwiespalt zwischen Glaube und Zweifel droht, die Wirklichkeit des unbekannten Todes neben dem Leben leuchtet jäh auf. Die Sünde der Verführung besteht darin, der Angst der Unschuld Gottes Wort, die einzige Kraft, zu rauben. Hier gibt es keine Freiheit der Entscheidung zwischen Gut und Böse, Adam ist dem Versucher wehrlos ausgeliefert. Der Abgrund hat sich aufgetan. Adam bleibt nur eins: Er ist mitten in diesem Abgrund von Gottes Hand und Wort gehalten. Es bleibt nur noch, die Augen zu schließen und sich tragen zu lassen von der Gnade Gottes. Doch Adam fällt. „Sollte Gott gesagt haben?“ Mit Adam sinkt das ganze Menschengeschlecht in den Abgrund dieser Frage. Alles Fleisch kommt an dieser Frage zu Fall. Jeder Mensch wird mit dieser Frage geboren, die der Satan in Adams Herz gesät hat.

„In dem Fleisch der Sünde aber kam der Sohn Gottes, Jesus Christus, unser Heiland, auf die Erde ... (Hebr. 4, 15). Wollte er dem Menschen, der Fleisch ist, helfen, so mußte er die Versuchlichkeit des Fleisches ganz auf sich nehmen ... Die Versuchung Christi war schwerer als die Versuchung Adams; denn Adam trug nichts in sich, was dem Versucher Recht und Macht an ihm hätte geben können. Christus trug die ganze Last des Fleisches unter dem Fluch und der Verdammnis mit sich, und doch sollte seine Versuchung allem Fleisch, das versucht wird, künftig zur Hilfe und zum Heil gereichen." (Bonhoeffer, Versuchung, S. 18.) Matthäus 4, 1 berichtet uns, daß Jesus vom Geist in die Wüste geführt wird, auf daß er vom Teufel versucht würde. Hier tritt der Versucher selbst zu Jesus, während er sich bei Adam und aller menschlichen Versuchung der Kreatur bedient. Hier wird deutlich gemacht, daß es in der Versuchung Jesu um das Ganze geht; der Versucher muß den Kampf selbst führen. Vollkommene Verleugnung seines Ursprungs kennzeichnet ihn auch hier. Darum mag Paulus mit Bezugnahme auf diese Ursprungsverleugnung des Satans und die Versuchung Jesu gesagt haben: „Auch der Satan verkleidet sich zum Engel des Lichts" (2. Kor. 11, 14). Keinesfalls dürfen wir dabei daran denken, daß Jesus den Satan nicht erkannt hätte, aber daß Satan so verführerisch war, daß er damit Jesus zu Fall bringen wollte.

Christus erlebt die Versuchung des Fleisches, die geistliche Versuchung und zuletzt die vollkommene Versuchung. Beim dritten Male verzichtet der Satan auf Beteuerung der Gottessohnschaft, auf Nennung von Gotteswort, er kommt in unverhüllter Machtentfaltung als Fürst dieser Welt. Er wagt das Letzte, kämpft mit seinen eigensten Waffen; nichts mehr von Verschleierung, keine

Dietrich Bonhoeffer, August 1935.

Verstellung – die Macht Satans stellt sich der Macht Gottes unmittelbar gegenüber. Seine Gabe ist unermeßlich groß und schön und verlockend, nur eines fordert er für diese Gabe – die Anbetung. Der offene Abfall von Gott wird gefordert, der seine Rechtfertigung in der Größe und Schönheit des Satansreiches hat. Es geht in dieser Versuchung um die endgültige Absage an Gott und die Unterwerfung unter den Satan. Es ist die Versuchung zur Sünde wider den Heiligen Geist. „Die dritte Versuchung Jesu zielt auf das gesamte leiblich-geistige Dasein des Gottessohnes: ‚Willst du dich nicht innerlich von mir zerreißen lassen, so gib dich mir ganz – und ich will dich groß machen in dieser Welt, im Haß gegen Gott und in der Macht gegen ihn.'" (Bonhoeffer, Versuchung, S. 23/24.) Nachdem der Satan sich hier ganz offenbart hat, muß er von Jesus verworfen werden: „Hebe dich weg von mir, Satan; denn es steht geschrieben: Du sollst anbeten Gott, deinen Herrn, und ihm allein dienen."

Von einem heldischen Kampf des Menschen gegen böse Gewalten, wie wir es gern und leicht verstehen, kann bei der Versuchung Jesu nicht die Rede sein. Aller eigenen Kräfte beraubt und allein gelassen von Gott und den Menschen, muß der Gottessohn in der Angst das vollkommene Dunkel erleiden. Das rettende, tragende, haltende Wort Gottes hält ihn fest, streitet für ihn und siegt. „Die Nacht der letzten Worte Jesu: ‚Mein Gott, mein Gott, warum hast du mich verlassen?' ist hier angebrochen, sie muß auf die Stunde dieser Versuchung folgen als die letzte fleischlich-geistige, vollkommene Versuchung des Erlösers. Indem er wehrlos und kraftlos der Macht Satans erliegt, ist die Versöhnung bestanden. Er wurde versucht gleichwie wir – doch ohne Sünde. So bleibt in der Versuchung Jesu wirklich nichts als Gottes Wort und Zusage ... ‚Da verließ ihn der Teufel ... und

siehe, da traten die Engel zu ihm und dienten ihm . . .'"
(Bonhoeffer, Versuchung, S. 24/25.)

Darum sind alle Versuchungen der Gläubigen Versuchungen des Christus in seinen Gliedern, dem Leibe Christi. Von aller Versuchung gilt ganz allgemein, was 1. Korinther 10, 12 ff. gesagt wird: „Darum, wer sich läßt dünken, er stehe, mag wohl zusehen, daß er nicht falle. Es hat euch noch keine denn menschliche Versuchung betreten; aber Gott ist getreu, der euch nicht läßt versuchen über euer Vermögen, sondern macht, daß die Versuchung so ein Ende gewinne, daß ihr's könnt ertragen." Damit wird etwas Entscheidendes gesagt, nämlich aller falschen Sicherheit und aller falschen Verzagtheit vor der Versuchung entgegengetreten. Die Haltung des Christen besteht im Wachsein gegen den listigen Feind und in dem Gebet, daß Gott uns fest an sein Wort und seine Gnade binde. Andererseits soll sich der Christ auch nicht vor der Versuchung fürchten. Jede Versuchung kann überwunden werden, weil Gott unser Vermögen kennt und nicht zuläßt, daß eine Versuchung über unsere Kraft geht. Gott mißt jedem das Maß zu, das er tragen kann. Alle Verzagtheit, auch vor plötzlichen und schrecklichen Versuchungen, vergißt die Hauptsache, daß nämlich die Versuchung bestanden wird, weil sie Gott nicht über sein Vermögen gehen lassen wird. Besondere Furcht überfällt uns bei Versuchungen, an denen wir schon oft gescheitert sind. Oft geben wir uns schon von vornherein geschlagen, gerade ihnen dürfen wir in größter Ruhe und Gelassenheit entgegensehen; denn sie können in der Gewißheit überwunden werden, daß Gott treu ist. Demut und Siegesgewißheit sollen in der Stunde der Versuchung bei uns anzutreffen sein.

Die unwiderstehliche Gewalt der Begierde ergreift als Versuchung unser Fleisch, ob es die Ruhmsucht und Machtliebe, ob es Ehrgeiz, Eitelkeit, Rachgier oder geschlechtliche Begierde ist, ob es die Geldgier, die Lust an der Schönheit der Welt, der Natur ist. In uns erlischt die Freude in Gott, in dieser Stunde wird Gott ganz unwirklich; das allein Wirkliche ist die Lust an der Kreatur, die einzige Tatsache ist der Teufel. Es ist nicht Haß gegen Gott, der uns erfüllt, sondern der Satan bewirkt Gottvergessenheit. Nun wird uns die Klarheit der Unterscheidung und Entscheidung geraubt, das Denken und Wollen des Menschen ist in tiefe Dunkelheit gehüllt. Sollte es wirklich Sünde sein, was das Fleisch hier begehrt? In uns steht alles auf gegen das Wort Gottes. Die Kräfte des Leibes, des Denkens, des Wollens, die unter der Zucht des Wortes in Gehorsam gehalten waren, über die wir Herr zu sein glaubten, machen uns deutlich, daß wir keineswegs Herr über sie waren. Wehrlos, kraftlos blieb nichts von einem Helden, der überwindet und siegt. Mit dem Psalmisten bleibt nur die Klage: „Alle meine Kräfte verlassen mich."

Gegenüber der Wirklichkeit der Lust und des Satans gibt es nur eine stärkere Überwindungsmacht: die Macht des Gekreuzigten. Hier hat das Fleisch sein Recht und seinen Lohn im Tod empfangen. Hier ist zu erkennen, daß die Begierde des Fleisches nichts anderes ist als die Angst des Fleisches vor dem Sterben. Christus ist der Tod des Fleisches, und wenn Christus in uns ist, bäumt sich das sterbende Fleisch gegen Christus auf. Das Fleisch stirbt, darum entfacht es Begierde und Lust. Deshalb gewinnt der Mensch in der fleischlichen Versuchung Anteil an dem Sterben Jesu nach dem Fleisch. Indem ihn die fleischliche Versuchung in den Tod des Fleisches hineinziehen will, treibt sie ihn in den Tod Christi, der nach dem Fleisch stirbt, aber nach dem Geiste auferweckt wird. Darum mahnt die Schrift: „Fliehet die Lust der Welt!" Kein anderer Widerstand gegen den Satan als die Flucht zum Kreuz verheißt Schutz und Hilfe, hier durchschauen wir den Betrug des Satans bis ins Letzte, hier wird unser Geist wieder nüchtern und erkennt den Feind. Der nie wankende Grund für die Haltung, die alle Anfechtungen in Geduld überwindet, ist mit dem Sieg Jesu Christi ein für allemal gelegt.

Eine weitere Versuchung für den Christen bedeutet das allgemeine Leiden durch Krankheit, Armut und Not aller Art oder das Leiden um Christi willen. Immer hat der Teufel seine Hand im Spiel, wenn bittere Armut, schwere Leiden über Christenmenschen kommen. Der Christ weiß, daß das Leiden in dieser Welt mit dem Sündenfall zusammenhängt und daß Gott Krankheit, Leiden, Tod nicht will. Warum läßt Gott dieses Leiden zu? Warum muß es gerade mich treffen? Womit habe ich das verdient? Hiob ist das biblische Urbild dieser Versuchung. Alles wird Hiob vom Satan geraubt, damit er zuletzt Gott fluche. Wie soll der Christ die Versuchung überwinden? Am Ende des Hiob-Buches finden wir eine wichtige Hilfe. Bis zuletzt hat Hiob dem Leiden gegenüber seine Unschuld beteuert und die Bußreden seiner Freunde abgewehrt. An großen Worten über seine eigene Gerechtigkeit hat es bei Hiob nicht gefehlt. Hiob 42, 3. 6 lesen wir, nachdem Gott ihm erschienen war: „Darum bekenne ich, daß ich unweise geredet habe, ... darum spreche ich mich schuldig und tue Buße in Staub und Asche.“ Der Zorn Gottes entlädt sich nun nicht über Hiob, sondern über seine Freunde: „Denn ihr habt nicht recht von mir geredet wie mein Knecht Hiob.“ Hiob bekennt sich schuldig vor Gott und bekommt daher recht vor Gott. Darin ist die Lösung zu sehen. Das Leiden Hiobs hat seinen Grund nicht in seiner Schuld, sondern in seiner Gerechtigkeit. Er hat recht, gegen das Leiden zu murren, als träfe es ihn als Schuldigen. Versucht aber wird Hiob um seiner Frömmigkeit willen.

Der durch Leiden versuchte Christ darf gegen das

Leiden murren, sofern er darin gegen den Teufel aufbegehrt und seine Unschuld beteuert. Durch seinen Einbruch in Gottes Ordnung richtet der Teufel das Leiden an. Vor Gott erkennt der Christ seine Leiden als Gericht über die Sünde allen Fleisches, die auch in seinem Fleische wohnt. Mit dem Propheten Jeremia sieht er seine Sünde und bekennt sich schuldig: „Es ist deiner Bosheit Schuld, daß du so gestäupt wirst, und deines Ungehorsams, daß du so gestraft wirst. Also mußt du innewerden und erfahren, was es für Jammer und Herzeleid bringt, den Herrn, deinen Gott, verlassen und ihn nicht fürchten, spricht der Herr Zebaoth" (Jer. 2, 19; 4, 18). Unser Leiden als Gottes Gericht zu erkennen, bedeutet aber, Grund zum Danken zu gewinnen. Alles Gericht über das Fleisch, der Tod des alten Menschen, ist nur die der Welt zugekehrte Seite des Lebens des neuen Menschen. Darum heißt es bei 1. Petr. 4, 1: „Wer am Fleisch leidet, der hört auf von Sünden." Statt zum Abfall muß so alles Leiden dem Christen zur Stärkung seines Glaubens führen. Der Christ erkennt sein Leiden als das Leiden des Christus in ihm, während das Fleisch das Leiden scheut und verwirft. Christus trug unsere Krankheit; unsere Schmerzen lud er auf sich und trug darin Gottes Zorn über die Sünde. So versteht der Christ auch sein Leiden als Versuchung des Christus in ihm. Diese Erkenntnis führt in die Geduld und stilles, wartendes Ertragen der Versuchung. Hiob warf sich allein auf Gott, weil der Satan ihm alles nahm.

Dem Christen ist darüber hinaus ein Leiden vorbehalten, das die Welt nicht kennt: das Leiden um des Herrn Jesu Christi willen (1. Petr. 4, 12. 17). Während der Christ die Leiden dieser Welt erfahren muß wie die Gottlosen auch und als Folgen der allgemeinen Sünde des Fleisches, an der auch er teilhat, versteht, befremdet ihn die Tatsache, daß er um seines Glaubens willen, um seiner Gerechtigkeit willen Anfechtung ertragen muß. Zum

Anstoßnehmen an Jesus Christus kann es leicht führen, wenn er nicht um einer Sünde willen leidet, sondern als Gerechter um seiner Gerechtigkeit willen Anfechtungen ertragen soll. Das Schwerwiegende bei dieser Versuchung ist, daß dieses Leiden um Christi willen mit der Verleugnung sogleich ein Ende haben kann, dagegen in dem allgemeinen Leiden (Krankheit, Armut) ein Ausweichen unmöglich ist. Hier hat der Satan also ein freies Feld. Unter den Qualen solchen gewissermaßen freiwilligen Leidens, dem man sich auch wieder entziehen kann, schürt der Teufel das Verlangen des Fleisches nach Glück. Er führt gegen den Christen auch die fromme Erkenntnis zu Felde, um ihm den frommen Ausweg, die Torheit und Ungöttlichkeit seines freiwilligen Leidens zu zeigen. Unvermeidliches Leiden ist eine schwere Versuchung; weitaus schwerer ist das Leiden, das nach Meinung meines Fleisches und der Welt vermeidlich wäre. Die Freiheit des Menschen wird der Gebundenheit des Christen gegenübergestellt.

Der Christ darf sich über diese Versuchung nicht wundern; er soll erkennen, daß er gerade damit in die Gemeinschaft der Leiden Jesu Christi geführt wird. Die Gebundenheit des Christen an den Gekreuzigten offenbart sich in herrlicher Weise da, wo der Satan dem Menschen seine Freiheit raubt und sie gegen Christus führt. Gemeinschaft der Leiden Christi bedeutet Freude, Erkenntnis der Unschuld dort, wo der Christ als Christ leidet, Ehrung Gottes in dem Christennamen, den ich trage. Notwendig heißt das aber auch das Gericht erkennen, das hier am Hause Gottes geschieht. Wie kann aber Leiden, das ich als Christ, als Gerechtfertigter, leide, zugleich als Gericht verstanden werden, das über die Sünde ergeht? Solches Leiden um Christi willen, das eben darin das Gericht nicht anerkennt, ist Schwärmerei. Gemeint ist das Gericht Gottes, das über Christus erging und das am

Ende über alles Fleisch ergehen wird, das Gericht Gottes über die Sünde. Das unterscheidet Christus von der Welt, die das Gericht abschüttelt und verachtet, daß er das Gericht trug; der Unschuldige trägt Gottes Gericht über die Sünde. Zu Christus sich stellen heißt, sich unter Gottes Gericht beugen. Das ist der Unterschied zwischen dem Leiden in der Gemeinschaft Jesu und dem Leiden in der Gemeinschaft eines ethischen oder politischen Helden. Der Christ erkennt die Schuld alles Fleisches, die er trägt bis an sein Lebensende. Der Christ ist Mitträger der Schuld der Welt an Christus, die ihn leiden läßt. Sein Gerichtsleiden wird in der Nachfolge Jesu zum stellvertretenden Leiden für die Welt. Er weiß, daß er leidet nach Gottes Willen, und erfaßt in der Gemeinschaft des Kreuzes die Gnade Gottes.

Wehrlos erleiden die Gläubigen die Stunde der Versuchung und werden dabei in tiefe Einsamkeit geführt, in die Verlassenheit von Gott und Menschen. Aber der Glaubende findet in dieser Einsamkeit Christus, den Menschen und den Gott. Der Teufel ist nicht durch den Geist, sondern durch das Blut Jesu überwunden. Das Gebet Jesu Christi, der einem Petrus sagte: „Simon, der Satan hat euer begehrt, daß er euch sichte wie den Weizen; ich aber habe für dich gebeten“, vertritt auch uns vor dem himmlischen Vater. Und wenn ganz klar erfaßt ist, daß dem Gottverlassenen die Versuchung widerfahren *muß*, darf davon gesprochen werden, daß auch die Bibel vom *Kampf* des Christen redet. Der kämpfenden Gemeinde verleiht Jesus Christus die geistliche Waffenrüstung, vor der der Satan flieht. Er reicht den Schild des Glaubens, den Helm des Heils, das Schwert des Geistes. Die Verheißung Christi ist als Vermächtnis bei den Seinen: „Ihr seid's, die ihr beharrt habt bei mir in meinen Versuchungen, und ich will euch das Reich bescheiden“ (Luk. 22, 28. 29).

Eine Gewissensentscheidung

Dietrich Bonhoeffer war 27 Jahre alt, als Adolf Hitler Reichskanzler wurde, der Mann, der Deutschland zum Verhängnis werden sollte. Dieses Ereignis hat den Lauf von Bonhoeffers restlichem Leben bestimmt. Von Anfang an erfaßte er das Endziel der nationalsozialistischen Revolution mit ihrer Vernichtung aller menschlichen Rechte und ihrer Verwerfung Gottes. Von vornherein sah er richtig, daß der Angriff auf die Juden ein Angriff auf Christus und ein Angriff auf Menschen war. Deshalb war sein ganzes Bemühen darauf gerichtet, wie er Gott und der Kirche am besten im Kampf gegen Hitler dienen könne. Neben seinem Dienst für die Bekennende Kirche, der in Hilfe und Anleitung für die in schwere Bedrängnis geratenen Pastoren bestand, nahm er persönlichen und streitbaren Anteil an dem Widerstand gegen Hitler und die unmenschlichen Taten seiner Regierung.

Im Mai 1942 gelang es ihm unter Lebensgefahr, in Stockholm zum letzten Male mit dem englischen Bischof von Chichester *Dr. Bell* zusammenzutreffen. Das Gespräch galt ausführlichen Überlegungen, auf welche Weise die Widerstandsbewegung in Deutschland die Willkürherrschaft Hitlers und seiner Hauptmitarbeiter beseitigen könne. Die neue Regierung sollte die Nürnberger Gesetze aufheben, Hitlers Taten soweit wie möglich rückgängig machen und Frieden mit dem Kriegsgegner suchen. Sehr bewegt hat Dr. Bell später von dieser letzten Unterredung berichtet, in deren Verlauf Bonhoeffer den ganzen Ernst der Gewissensentscheidung zum Ausdruck brachte, die mit dem von ihm bejahten Plan der Beseitigung des nationalsozialistischen Regierungssystems verbunden war. Als Christ gab es nach seinen eigenen Worten nur diese Haltung: „Es muß eine Strafe Gottes geben, wir wollen der Sühne nicht entfliehen." Die

Beseitigung selbst – darauf bestand er – muß als eine Tat der Sühne verstanden werden. „Strafe muß über uns kommen. Christen wünschen nicht, der Sühne oder der Strafe zu entgehen, wenn sie Gott über uns bringen will. Wir müssen dieses Gericht als Christen ertragen." (E. Bethge, Bonhoeffer-Gedenkheft, S. 11.)

Dieser Weg von der „Friedensmitte" in Jesus Christus bis zum äußersten Grenzgebiet der Revolution war nicht Selbstzweck zur Sicherung der Kirche. Immer trat er für die Entrechteten, die Schwachen ein. Wir hörten bereits, daß der junge Vikar die Jungen vom roten Berliner Wedding zum Wochenende in seine Laube einlud; leidenschaftlich trat er für getaufte und ungetaufte Juden ein; während des Kirchenkampfes warnte er unaufhörlich vor einem kampflosen Nachgeben zur eigenen Selbsterhaltung unter Preisgabe der Bedrängten. Er konnte nicht anders handeln, weil nach seiner Erkenntnis der geschichtliche Raum dieser Erde nicht begrenzt ist auf den Raum der Kirche; die Welt kann nicht in zwei Räume geteilt werden. Die Freiheit des Menschen unter der Herrschaft Christi besteht nicht in der Flucht aus den Fesseln irdischer Gegebenheiten in eine himmlische Welt, sondern im Mittragen der Bürde des Diesseits. Der Christ darf nicht im Möglichen schweben, er muß die Wirklichkeit tapfer ergreifen.

Bonhoeffer vertrat die Auffassung, daß im Raum der Welt Christus durch die vier Mandate Arbeit, Ehe, Obrigkeit, Kirche herrscht und gebietet. Es gibt keinen Rückzug aus einem weltlichen in einen geistlichen Raum; Gott will diese vier Ordnungen, es soll nicht je eine einzelne für einen Menschen gelten, sondern alle Menschen sind allen vier unterworfen. Es gibt nur ein Einüben des christlichen Lebens unter Anerkennung dieser vier Gegebenheiten als gleichwertiger Erscheinungen des zeitlichen Daseins. Man kann daher die ersten drei Mandate

Vor einer Berliner Kirchentür. Zur Wahl am 23. Juli 1933.

Altpreußische Generalsynode vom 5. September 1933.

nicht als weltliche gegenüber dem letzten Mandat abwerten. Mitten in der Welt stehen diese göttlichen Ordnungen; der Träger dieser Ordnungen handelt in Stellvertretung als Platzhalter des Auftraggebers. Der Christ wird in allen vier Mandaten von der Gestalt und dem Gebot des Herrn ergriffen und zur Stellvertretung gerufen. Alles menschliche Leben ist durch Christus wesentlich stellvertretendes Leben, weil er das Leben, unser Leben als der menschgewordene Sohn Gottes stellvertretend für uns gelebt hat.

Das Leben Jesu wurde nicht gelebt, um zu einer eigenen Vollkommenheit zu gelangen, sondern es hat in sich das Ich aller Menschen aufgenommen. Das gesamte Leben Jesu war in seinem Handeln und Sterben Stellvertretung. In dieser Stellvertretung ist er der Verantwortliche ohne Einschränkungen; durch ihn ist alles Leben zur Stellvertretung bestimmt. Auch wenn unser Leben sich dagegen wehrt, bleibt es doch stellvertretend zum Guten oder zum Bösen, zum Leben oder zum Tode. Verantwortlichkeit gibt es nur in der vollkommenen Hingabe des eigenen Lebens an den anderen Menschen. Darum lebt nur der Selbstlose verantwortlich und stellvertretend.

Für Bonhoeffer waren Widerstand und Gewaltanwendung nicht das Ende und das Vordringliche, sondern das Letzte und Außergewöhnliche. In der Bergpredigt war ihm die Gestalt Jesu und seine Gestaltwerdung unter den Menschen zentral abgebildet. Er leitete daraus keinen grundsätzlichen Pazifismus ab; dennoch sah er das Mühen um den Frieden und den Verzicht auf Gewalt als eines der Hauptkennzeichen des Christen an. Das Verhalten Gandhis hat er mit großer Anteilnahme verfolgt und sagte einmal im Zusammenhang mit dem Kampf dieses Inders: „Das Böse läuft sich tot, wenn ihm nicht widerstanden wird; es verliert an Nahrung und erlischt."

Das war nicht aus Neigung zu irgendwelchem Schwärmertum gesagt, sondern sollte sein Ernstnehmen des Sieges Jesu Christi bekunden.

Die 6. Seligpreisung legte Bonhoeffer folgendermaßen aus: „Selig sind die Friedfertigen; denn sie werden Gottes Kinder heißen. Jesu Nachfolger sind zum Frieden berufen. Als Jesus sie rief, fanden sie ihren Frieden. Jesus ist ihr Friede. Nun sollen sie den Frieden nicht nur haben, sondern auch schaffen. Damit tun sie Verzicht auf Gewalt und Aufruhr. In der Sache Christi ist damit niemals etwas geholfen. Das Reich Christi ist ein Reich des Friedens, und die Gemeinde Christi grüßt sich mit dem Friedensgruß. Die Jünger Jesu halten Frieden, indem sie lieber selbst leiden, als daß sie einem anderen Leid antun; sie bewahren Gemeinschaft, wo der andere sie bricht; sie verzichten auf Selbstbehauptung und halten in Haß und Unrecht stille. So überwinden sie Böses mit Gutem. So sind sie Stifter göttlichen Friedens mitten in dieser Welt des Hasses und des Krieges. Nirgends aber wird der Friede größer sein als dort, wo sie den Bösen in Frieden begegnen und von ihnen zu leiden bereit sind. Die Friedfertigen werden mit ihrem Herrn das Kreuz tragen; denn am Kreuz wurde der Friede gemacht. Weil sie so in das Friedenswerk Christi hineingezogen sind, berufen zum Werk des Sohnes Gottes, darum werden sie selbst Söhne Gottes genannt werden.“ (Bonhoeffer, Nachfolge, S. 62.)

Unter gar keinen Umständen wollte Bonhoeffer hier eine pharisäerhafte Heiligkeit umschreiben, die der Vergebung nicht bedarf. Für ihn war das Wort des Apostels Paulus wichtig: „Ich bin mir nichts bewußt, aber darin bin ich nicht gerechtfertigt; der Herr ist's aber, der mich richtet“ (1. Kor. 4, 4). Es geht hier nicht um Frieden um jeden Preis, sondern es wird die allgemeine Haltung des Jüngers Jesu verdeutlicht. Der Christ untersteht der Ordnungsmacht des Staates, der in der Kirche durchaus einen

Bundesgenossen sehen kann; denn die Nähe der Kirche sucht alles, was mit Recht, Wahrheit, Menschlichkeit, Freiheit zusammenhängt. Die Kirche erweist sich bei der Zurückführung auf das Entscheidende der Grundlagen aller Ordnungen, die eben genannt wurden, als um so wirksamere Einrichtung, je zentraler ihre Botschaft ist. Ihr Leiden ist dem Geist der Zerstörung viel gefährlicher, als es noch verbliebene Macht sein kann.

Deshalb wurde mitten unter der Herrschaft des Nationalsozialismus keine billige Staatsfeindlichkeit empfohlen, sondern auch dem durch Unrecht zu Macht gekommenen Staat die Möglichkeit zur Besserung und Wiedergutmachung begangenen Unrechts eingeräumt. „Einzelne Verfehlungen geben nicht das Recht, das Bestehende zu beseitigen, zu vernichten. Vielmehr kann es die Rückkehr zu echter Unterordnung unter das göttliche Gebot geben." Der Träger der Staatsgewalt, der sie sich mit Unrecht erwarb, aber im Laufe der Zeit Recht, Ordnung, Frieden schuf, die Untertanen zu Wohlstand und Glück führt, kann nicht zum Verzicht der Herrschaft genötigt werden. Die Preisgabe kann viel größere Unordnung und um so größere Schuld entstehen lassen. Voraussetzung bleibt, daß Schuld vernarbt, indem aus Gewalt Recht, aus Willkür Ordnung, aus Krieg Frieden wird. Wo aber das Unglück ungebrochen herrscht und immer neue Wunden schlägt, dort kann von Vergebung keine Rede sein. Vielmehr muß dann die erste Sorge sein, dem Unrecht zu wehren und die Schuldigen ihrer Schuld zu überführen.

Entschieden hat Bonhoeffer es abgelehnt, daß Christen hämisch beiseite stehen und den Finger empört erheben, wenn der Staat die Grenze überschreitet und seinen göttlichen Auftrag verwirkt hat. Da kann es nur eine Stellung geben: die Teilnahme an der Schuld. Ein im Jahre 1941 verfaßtes Schuldbekenntnis macht das deutlich:

„Die Kirche bekennt sich schuldig aller Zehn Gebote, sie bekennt dadurch ihren Abfall von Christus. Sie hat die Wahrheit Gottes nicht so bezeugt, daß alles Wahrheitsforschen, alle Wissenschaft ihren Ursprung in dieser Wahrheit erkennen. Sie hat die Gerechtigkeit Gottes nicht so verkündet, daß alles wirkliche Recht in ihr die Quelle des eigenen Wissens sehen mußte. Sie hat die Fürsorge Gottes nicht so glaubhaft zu machen vermocht, daß alles menschliche Wirtschaften von ihr aus seine Aufgabe in Empfang genommen hätte. Durch ihr eigenes Verstummen ist die Kirche schuldig geworden an dem Verlust an verantwortlichem Handeln, an Tapferkeit des Einstehens und Bereitschaft, für das als Recht Erkannte zu leiden. Sie ist schuldig geworden an dem Abfall der Obrigkeit von Christus." (Bonhoeffer, Ethik, S. 51.)

An dieser Stelle wird ganz deutlich, daß nicht fromme Überheblichkeit, sondern leidendes Unterordnen unter gemeinsame Schuld und stellvertretender Gehorsam die Entschlüsse Bonhoeffers bestimmten. Dem Widerstandskämpfer geht es um die Übernahme fremder Schuld, die durch jedes stellvertretende verantwortliche Handeln entstehen. Solches Handeln hat in dem sündlos schuldigen Jesus Christus seinen Ursprung, weil durch ihn die Schuld aller Menschen getragen wurde. Darum muß jeder verantwortlich Handelnde schuldig werden. „Wer sich in der Verantwortung der Schuld entziehen will, löst sich aus der letzten Wirklichkeit des menschlichen Daseins, löst sich aber auch aus dem erlösenden Geheimnis des sündlosen Schuldtragens Jesu Christi und hat keinen Anteil an der göttlichen Rechtfertigung, die über diesem Ereignis liegt." (Bonhoeffer, Ethik, S. 51.)

Dem an der Widerstandsbewegung Beteiligten galt der Augenblick als Ausnahmefall, wo um der Lebensnotwendigkeit der Brüder willen den Gesetzen des Staates widersprochen werden muß und die Tat der freien Verantwortung nötig wird. „Es gibt", so hat Bonhoeffer selbst gesagt, „angesichts dieser Lage nur den völligen Verzicht auf jedes Gesetz, verbunden mit dem Wissen darum, hier in freiem *Wagnis* entscheiden zu müssen, verbunden auch mit dem offenen Eingeständnis, daß hier das Gesetz verletzt, durchbrochen wird; daß hier Not das Gebot bricht, verbunden also mit der gerade in dieser Durchbrechung anerkannten Gültigkeit des Gesetzes. Und es gibt dann schließlich in diesem Verzicht auf jedes Gesetz und so ganz allein das Ausliefern der eigenen getroffenen Entscheidung und Tat an die göttliche Lenkung der Geschichte. Die letzte Frage bleibt offen und muß offengehalten werden; denn so oder so wird der Mensch schuldig, und so oder so kann er allein von der göttlichen Gnade und von der Vergebung leben. Der an das Gesetz Gebundene muß wie der in freier Verantwortung Handelnde die Anklage des anderen vernehmen und gelten lassen. Keiner kann der Richter des anderen werden. Das Gericht bleibt bei Gott." (Bonhoeffer, Ethik, S. 186/87.)

Auch als Verhafteter hat ihn diese Frage beschäftigt, „ob es wirklich die Sache Christi sei, um derentwillen ich Euch allen so viel Kummer zufüge; aber bald schlug ich mir diese Frage als Anfechtung aus dem Kopf und wurde gewiß, daß gerade das Durchstehen eines solchen Grenzfalles mit aller seiner Fragwürdigkeit mein Auftrag sei, und wurde darüber ganz froh und bin es bis heute geblieben. 1. Petr. 2, 20; 3, 14." (WE, S. 92/93.)

Die Gewissensentscheidung Bonhoeffers, den Weg des Widerstandes zu gehen, wurzelte in dem Glauben an Christus. Sein Glaube an den Sieg des Menschgewordenen, Gekreuzigten und Auferstandenen war unerschütterlich. Weil aber Glaube und Tat einander ergänzen, darum muß er das Wagnis selbstloser Liebe zu den Brüdern wahrmachen. Darum scheute er nicht davor zurück, in der verantwortlichen Teilnahme an den Bemühungen

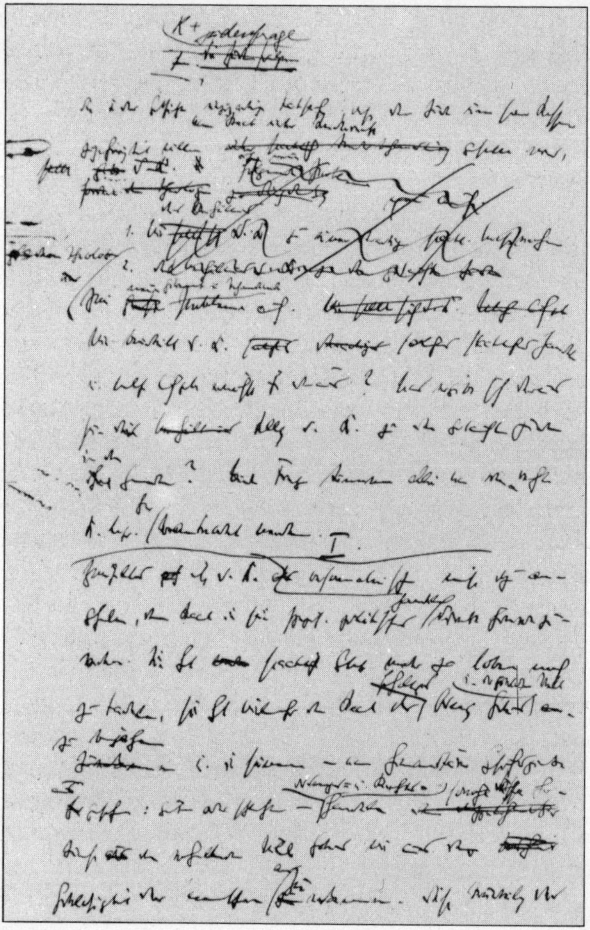
K + Judenfrage

Erste Seite des Manuskripts „Die Kirche vor der Judenfrage", April 1933.

um weltliche Gerechtigkeit und im äußersten Notfall in der Tat der freien Verantwortung, das Wagnis des Widerstandes gegen die bestehende Ordnung zu Ende zu gehen.

Leiden und Sterben als Gefährdung

Der Gefährdung durch Leiden und Tod hat der Häftling Bonhoeffer täglich neu entgegensehen müssen. Es kann und darf deshalb nicht ein Abschnitt fehlen, der diesen Spuren seiner Erdentage nachgeht. In einer Lebensrückschau an der Wende des Jahres 1943 hat er zum Ausdruck gebracht, daß es viel leichter ist, in Gehorsam gegen einen menschlichen Befehl zu leiden als in der Freiheit eigenster verantwortlicher Tat. „Es ist unendlich viel leichter, in Gemeinschaft zu leiden als in Einsamkeit. Es ist unendlich viel leichter, öffentlich und unter Ehren zu leiden als abseits und in Schanden... Christus litt in Freiheit, in Einsamkeit, abseits und in Schanden, an Leib und Geist, und seither viele Christen mit ihm." (WE, S. 27/28.)

Innerlich wehrte er sich dagegen, wenn Außenstehende in Briefen von seinem „Leiden" sprachen. Ihm kam das wie eine Profanierung vor, und es erschien ihm fraglich, ob er mehr Leid zu tragen habe als die meisten Menschen seiner Zeit. Das Wichtignehmen dieser Frage hielt er für falsch und bewunderte die Lautlosigkeit, mit der die Katholiken über solche Fälle hinweggehen. Entscheidend zum Leiden gehört der körperliche Schmerz; Menschen betonen gern das seelische Leiden, aber gerade dies sollte uns Christus abgenommen haben; zudem ist davon im Neuen Testament nichts zu finden. Es besteht ein Unterschied, ob die „Kirche leidet" oder einem ihrer Diener Härten widerfahren. Christen sollen nicht von eigenem Leiden vorschnell sprechen; wirkliches Leid hat ganz andere Ausmaße, als was Menschen erlebt haben.

Nach Bonhoeffers Meinung werden Ereignisse und Verhältnisse eintreten, die über unsere Wünsche und Rechte hinweggehen. Wir werden uns dann nicht in Verbitterung und unfruchtbarem Stolz als lebensstark erweisen, sondern in Beugung unter göttliches Gericht und Teilnahme am Leiden unserer Mitmenschen ausharren müssen. „Denn welches Volk seinen Hals gibt unter das Joch des Königs von Babel, das will ich in seinem Lande lassen, daß es dasselbe baue und bewohne, spricht der Herr" (Jer. 27, 11). „Suchet der Stadt Bestes und betet für sie zum Herrn!" (Jer. 29, 7.) „Gehe hin, mein Volk, in deine Kammer und schließe die Tür nach dir zu; verbirg dich einen kleinen Augenblick, bis der Zorn vorübergehe!" (Jes. 26, 20.) „Denn sein Zorn währt einen Augenblick und lebenslang seine Gnade; den Abend lang währt das Weinen, aber des Morgens ist Freude" (Psalm 30, 6).

„Christen stehen bei Gott in seinem Leiden", das ist der Unterschied zwischen Christen und Heiden. Die Frage Jesu in Gethsemane: „Könnt ihr nicht eine Stunde mit mir wachen?" ist die Umkehrung von allem, was der religiöse Mensch von Gott erwartet. Der Mensch wird aufgerufen, das Leiden Gottes an der gottlosen Welt mitzuleiden. Es gibt keine Möglichkeit, dem Leben in einer gottlosen Welt auszuweichen und ihre Gottlosigkeit irgendwie religiös zu verdecken; der Mensch muß weltlich leben und nimmt darin an dem Leiden Gottes teil. Christ sein heißt nicht in einer bestimmten Weise religiös sein oder aus sich einen Sünder, Büßer oder Heiligen machen, sondern *den* Menschen schafft Christus in uns. Nicht religiöses Tun prägt den Christen, sondern das Teilnehmen am Leiden Gottes im weltlichen Leben. „Sich in den Weg

Jesu Christi mit hereinreißen lassen", ist der echte Beginn der Umkehr, durch die Jesaja 53 erfüllt wird. Dieses Hineingerissenwerden in das Leiden Gottes in Jesus Christus geschieht im Neuen Testament in verschiedener Weise: durch den Ruf der Jünger in die Nachfolge, durch Bekehrungen, durch das Tun der großen Sünderin, durch Heilung der Kranken.

Einem Briefschreiber, der die Auffassung vertrat, in der Bibel sei von Glück, Gesundheit, Kraft nicht viel die Rede, antwortet Bonhoeffer nach längeren Überlegungen. Für das Alte Testament gilt, so erwidert der Verhaftete, der Einwand nicht. Der Zwischenbegriff im Alten Testament zwischen Gott und dem Glück des Menschen ist der *Segen*. Bei den Erzvätern geht es nicht um das Glück, aber es geht um den Segen Gottes, der alle irdischen Güter in sich schließt. Entschieden wird der Gedanke verworfen, den alttestamentlichen Segen gegen das Kreuz zu setzen. Der Unterschied zwischen Altem und Neuem Testament liegt darin, daß der Segen auch das Kreuz und das Kreuz auch den Segen in sich schließt. „Nicht nur die Tat, sondern auch das Leiden ist ein Weg zur Freiheit. Die Befreiung liegt im Leiden darin, daß man seine Sache ganz aus den eigenen Händen geben und in die Hände Gottes legen darf. In diesem Sinne ist der Tod die Krönung der menschlichen Freiheit." (WE, S. 254.)

Die eigene Gefährdung durch den Tod beschäftigte Bonhoeffer immer wieder in den Briefen, die er an die Gefährten früherer Jahre richtete. Ihm scheint es, daß in seiner Zeit der Tod den Menschen immer vertrauter geworden ist. Kein Mensch stirbt freudig, weil wir gern noch etwas von dem Sinn unseres zerfahrenen Lebens zu sehen bekommen möchten. Er weigert sich, den Sinn des Lebens in der Gefahr zu sehen, denn wir wissen zuviel von den Gütern des Lebens; wir kennen auch die Angst

Reichstagung der Deutschen Christen im ehemaligen preußischen Herrenhaus in Berlin (3. 4. 1933). Das sind die Schlagworte der Reichstagung: Gleichschaltung, Führerprinzip, Reichskirche, Artgemäßheit.

um das Leben zu gut und all die anderen zerstörenden Wirkungen einer dauernden Gefährdung des Lebens. Das Unvollendete des Lebens trifft für unsere Generation zu, die sich beruflich und persönlich nicht voll entfalten kann, wie es der ihr vorausgegangenen Generation noch möglich war. Um so mehr kann das Bruchstückhafte auf eine menschlich nicht zu leistende höhere Vollendung hinweisen.

„Ostern fällt der Blick mehr auf das Sterben als auf den Tod. Wie wir mit dem Sterben fertigwerden, ist uns wichtiger, als wie wir den Tod besiegen. Sokrates überwand das Sterben. Christus überwand den Tod. Mit dem Sterben fertigwerden bedeutet noch nicht mit dem Tod fertigwerden. Die Überwindung des Sterbens ist im Bereich menschlicher Möglichkeiten, die Überwindung des Todes heißt Auferstehung. Nicht von der Kunst des Sterbens her, sondern von der Auferstehung Christi her kann ein neuer, reinigender Wind in die gegenwärtige Welt wehen. *Hier* ist die Antwort. Wenn ein paar Menschen dies wirklich glaubten und sich in ihrem irdischen Handeln davon bewegen ließen, würde vieles anders werden. Von der Auferstehung her leben – das heißt doch Ostern. Die meisten Menschen wissen nicht, woher sie eigentlich leben; sie warten aber unbewußt auf das lösende und befreiende Wort. Noch ist wohl nicht die Zeit, daß es gehört werden kann. Aber sie wird kommen, und dieses Ostern ist vielleicht eine der letzten großen Gelegenheiten, uns auf unsere künftige große Aufgabe vorzubereiten." (WE, S. 168.)

Die Auffassung, das Entscheidende ist, daß im Christentum die Auferstehungshoffnung verkündet wird und daß damit eine echte Erlösungsreligion entsteht, sah Bonhoeffer mit *Gefahr* verbunden, weil das Schwergewicht dadurch auf das Jenseits der Todesgrenze fällt. Erlösung heißt nun Erlösung aus Sorgen, Nöten, Ängsten, aus

Sünde und Tod in einem besseren Jenseits. Ist dies aber wirklich das Wesentliche der Christusverkündigung der Evangelien und des Paulus? Die christliche Auferstehungshoffnung unterscheidet sich von der nichtchristlichen darin, daß sie den Menschen in ganz neuer und gegenüber dem Alten Testament noch verschärfter Weise an sein Leben auf der Erde verweist. Aus den irdischen Aufgaben und Schwierigkeiten hat der Christ nicht immer noch eine letzte Ausflucht ins Ewige, sondern er muß das irdische Leben, wie Christus das tat, ganz auskosten; nur indem er das tut, ist der Gekreuzigte und Auferstandene bei ihm und ist er mit Christus gekreuzigt und auferstanden. Neues und Altes Testament bleiben darin verbunden, daß das Diesseits nicht vorzeitig aufgehoben werden darf. Erlösungsreligionen entstehen aus menschlichen *Teilerfahrungen*; Christus faßt den Menschen in der *Mitte* seines Lebens.

Im Rahmen einer Psalmenauslegung hat Bonhoeffer nicht zuletzt auch darauf hinweisen können, daß der Psalter in rechter Weise reichlich lehrt, wie in den vielfachen Leiden, die die Welt über uns bringt, ein Mensch vor Gottes Angesicht kommen kann. Die Psalmen kennen das Verlassensein von Gott und Menschen, Bedrohung, Verfolgung, Gefangenschaft; sie leugnen es nicht ab, sie täuschen sich nicht in frommen Worten darüber hinweg, sie sehen manchmal nicht mehr über das Leiden hinaus, aber sie klagen es allein Gott. Die Klagepsalmen breiten die Not der Gemeinde zu allen Zeiten aus, kein einzelner Mensch kann sie nachbeten. Die Not geschieht mit Gottes Willen, der sie besser weiß als wir selbst; darum müssen alle Fragen auch immer wieder gegen Gott selbst anstürmen. Eine vorschnelle Ergebung in das Leiden gibt es in den Psalmen nicht. Es geht durch Zweifel, Angst und Kampf hindurch. An Gottes gutem, gnädigem Willen wird gerüttelt, an Gottes Gerechtigkeit gezweifelt, weil die Frommen vom Unglück getroffen werden, aber die Gottlosen frei ausgehen. Gott wird seine frühere Wohltat, seine Verheißung immer wieder vorgehalten. Immer bleibt Gott der Angeredete, niemals wird von Menschen Hilfe erwartet oder der Weg der Selbstbemitleidung gewählt.

Eine theoretische Antwort auf Fragen wie: Bin ich schuldig, warum vergibt mir Gott nicht? oder: Bin ich unschuldig, warum macht er der Qual kein Ende? gibt es nicht, auch nicht im Alten Testament. Es gibt nur *eine* Antwort: Jesus Christus. Darum wird in den Psalmen schon gebetet. Gemeinsam ist ihnen allen, jede Not und Anfechtung auf Gott zu werfen und ihn zum Träger dieser Last zu machen, weil Menschen mit dem Leiden nicht fertig werden. Das Ziel aller Klagepsalmen ist die Bitte um den, der alle Gebrechen trug und unsere Krankheit auf sich lud: Jesus Christus. Es geht in den Psalmen um volle Gemeinschaft mit Gott, der die Gerechtigkeit und Liebe ist. Jesus hat alle menschliche Not vor Gott gebracht; seitdem wissen wir, daß es kein Leiden auf Erden mehr gibt, in dem nicht Christus bei uns ist. Nur auf diesem Grunde wachsen die großen Vertrauenspsalmen. Gott ist in Jesus Christus in unser Leiden eingegangen; wer das weiß, darf mit großem Vertrauen sagen: „Du bist bei mir, dein Stecken und Stab trösten mich."

Von einer wunderbaren Weite der Schau legen die Worte Bonhoeffers über das Leiden Christi Zeugnis ab, wenn er sagt: „Christus entzog sich so lange dem Leiden, bis seine Stunde gekommen war. Christus – so sagt die Schrift – erfuhr alles Leiden aller Menschen an seinem Leibe als eigenes Leiden – ein unbegreiflich hoher Gedanke! –, er nahm es auf sich in Freiheit . . . Wir sind nicht Christus; aber wenn wir Christen sein wollen, so bedeutet das, daß wir an der Weite des Herzens Christi teilbekommen sollen in verantwortlicher Tat . . . Den Christen rufen nicht erst die Erfahrungen am eigenen Leibe, sondern die Erfahrungen am Leibe der Brüder, um derentwillen Christus gelitten hat, zur Tat und zum Mitleiden." (WE, S. 26/27.)

Das Vermächtnis

Der Name Dietrich Bonhoeffer läßt heute noch die Welt aufhorchen, und selbst Menschen jenseits des christlichen Raumes werden von dem Beispiel und den Wirkungen seines Lebens tief angerührt. Dieser Tatsache hat im Verlauf eines Nachkriegsgespräches zwischen Juden und Christen ein deutscher Rabbiner Ausdruck verliehen, der sagte, nichts habe ihn seit Kriegsende stärker erschüttert als die Entdeckung, wie dieser Mann sich auf seinem schweren Wege von Jesus habe trösten lassen. Zum Predigttext für einen Gottesdienst, der ein paar Monate vor Hitlers Machtergreifung in der Berliner Dreifaltigkeitskirche stattfand, wählte Bonhoeffer 2. Chron. 20, 12: „Wir wissen nicht, was wir tun sollen, sondern unsere Augen sehen nach dir." Dieser Text, der ihn damals und später immer wieder beschäftigt hat, kann die Leitlinie seines Lebens genannt werden. Dieses Wort bildete den Mittelpunkt seines Glaubens, Denkens und Dienstes, in dem er sich verzehrte.

„Wir wissen nicht, was wir tun sollen." Von Anfang an stand vor ihm die Frage des christlichen Lebens und Handelns. Mit vorläufigen und landläufigen Antworten gab er sich nicht zufrieden. Wo andere aufhörten zu fragen, fragte er mit strenger Gründlichkeit weiter, und solches Fragen teilte sich seinen Schülern mit. Seine eigenste Begabung lag auf erzieherischem Feld und kam im Predigerseminar Finkenwalde voll zur Geltung. Alle Unruhe seines Fragens endete in der Nachfolge Christi, der er eins seiner Bücher gewidmet hat, und die er auch in seinem Leiden und Sterben bezeugt hat. Gesetz und Evangelium, Befehl und Verheißung weisen ihm den klaren, gewissen Weg: „Nur der Glaubende ist gehorsam, und nur der Gehorsame glaubt . . . unsere Augen sehen nach dir." Mit dem Abwenden von der quälenden Frage in die getroste Nachfolge Jesu enthüllt sich das Geheimnis des Menschen Dietrich Bonhoeffer, und hier finden wir sein Vermächtnis an uns. Man kann an der Art seiner kühlen Ausdrucksweise in den ersten Veröffentlichungen und den letzten Werken deutlich einen Unterschied spüren. Zuletzt wurde alles immer unbeschwerter und einfältiger. Mit seinem Leben war es nicht anders. Das Joch, das er auf sich nahm, war sanft und die Last seines Herrn leicht; der Blick klärte sich ihm in dem Maße, in dem er auf Jesus sah und weg von sich selbst.

Bonhoeffers Gedanken kreisten immer wieder um die Frage, wie man das Evangelium einer mündig und gottlos gewordenen Welt so verkündigt, daß sie es mitten im Alltag hört. Er dachte sehr bescheiden von dem Zeugnis der Kirche, auch der Bekennenden Kirche, an der er so großen Anteil hatte, und glaubte nicht, daß die Kirche äußerlich und innerlich eine große Zeit vor sich hat. Von einer kommenden Generation erhoffte er vollmächtigeres Reden und hielt seine Freunde an, geduldiger zu beten, gehorsam zu handeln, alles in schlichter, echter Weltlichkeit und nüchterner, strenger Zucht. Viele Fragen, die uns heute umtreiben, hat er vorweggenommen. Die Entwicklung der Evangeliumsverkündigung mit ihren Halbheiten und Selbsttäuschungen sah er mit tiefer Besorgnis. „Teure Gnade ist Gnade als das Heiligtum Gottes, das vor der Welt behütet werden muß, das nicht vor die Hunde geworfen werden darf; sie ist darum Gnade als lebendiges Wort, Wort Gottes, das er selbst spricht, wie es ihm gefällt. Es trifft uns als gnädiger Ruf in die Nachfolge

Jesu, es kommt als vergebendes Wort zu dem geängstigten Geist und dem zerschlagenen Herzen." (Bonhoeffer, Nachfolge, S. 3.)

Von der Gemeinde Christi sprach er als von einer „Fremdlingsgemeinde". Wer von Gott in eine christliche Bruderschaft hineingestellt wurde, ist in eine göttliche Wirklichkeit mit ihren eigenen Gesetzen hineingestellt, der – scharf geschieden – alle rein menschliche Wirklichkeit gegenübersteht. Der Christ, der in der Welt steht, gehört „mitten unter die Feinde", er muß auf einen Fluchtweg verzichten. „Die Absage, die der Mönch Luther der Welt gegeben hat, war ein Kinderspiel gegenüber der Absage, die die Welt durch den Zurückgekehrten erfuhr. Nun kam der Angriff in breiter Front." Diese umfassende Kampfstellung hat Bonhoeffer bis zuletzt nicht aufgegeben, aber mit Beunruhigung beobachtet, wie die wiedererwachende Kirche ihrem neugewonnenen Standort untreu wurde. Wohl setzte sie sich gegen die Vergewaltigung durch ein Regiment des Schreckens und der Lüge zur Wehr, ließ aber die mit ihr Bedrohten im Stich. Er erachtete es für einen Verrat des Evangeliums, daß das in einem Augenblick geschah, wo zahlreiche der Kirche Entfremdete wieder anfingen, neu auf ihre Stimme zu hören und ihren Ursprung als Hort aller Freiheit zu ahnen. Dem Antichristus gegenüber hat nur eines Gewalt und Bestand: Christus selbst.

Wichtig war für Bonhoeffer die Entdeckung, daß es in der Bibel nur ein der ganzen Welt zugewandtes Evangelium gibt. Auch eine feindliche oder Gott ferne Welt bleibt von Gott geliebte Welt. Darum gibt sich eine Kirche, die für sich selber kämpft, selbst auf; es kann nur eine der Welt zugewandte Kirche geben. Hier lag für ihn die eigentliche Wurzel der Christuserkenntnis. Die Welt bleibt Welt, weil sie die in Christus geliebte, gerichtete, versöhnte Welt ist. Kein Mensch hat den Auftrag, die

Welt zu überspringen und aus ihr das Reich Gottes zu machen. Die Welt ist der uns in und durch Jesus Christus gegebene Bereich der tatsächlichen Verantwortung. Das Christliche und das Weltliche kann nicht grundsätzlich als Einheit verstanden werden, ebensowenig darf Christentum und Weltlichkeit als scharf abgegrenzt einzeln für sich allein stehende Größe gesehen werden. Die in Christus geschaffene Versöhnung von Gott und Welt besteht einzig und allein in der Person Jesu Christi, in dem aus Liebe zum Menschen menschgewordenen Gott. Für die Bibel und für Luther ist das ganz Ernstzunehmende die Erwählung des Menschen zum Kind-Gottes-Menschen.

Der Unfruchtbarkeit der christlichen Verkündigung widmete er mancherlei Betrachtungen, die davon ausgingen, daß die Verkürzung der Botschaft in teilweise weit zurückliegenden Zeitabschnitten wesentliche Stücke des Evangeliums preisgegeben hat. Dabei löste sich die christliche Wahrheit von ihrem eigentlichen Boden, dem Boden des Alten Testaments. Bei ihm geht es um die Herrschaft Gottes auf Erden im ganzen Bereich des Menschlichen. Er empfand es als ein verhängnisvolles Mißverständnis, das Kreuz Christi und das von ihm her neu bestimmte Leben des Christen im Sinne der Weltflucht zu deuten, weil es hier um den Einbruch Gottes in die gesamte Weltwirklichkeit geht. Sein Urteil war, daß die christliche Vorliebe für Verlegenheiten, Nöte und Ängste der Welt und der Argwohn gegen alles Starke, Gesunde, Gute dem Geist des Evangeliums fremd ist.

Das kommende Reich Gottes ist auf die Schöpfung bezogen, die Gott in Geduld getragen und nie preisgegeben hat. Auch Tod, Gericht und die kommende endgültige Aufrichtung der Herrschaft Christi haben ihre Erneuerung zum Ziel. Selbstverleugnung, Verzicht und Leiden dürfen in der Nachfolge Jesu nicht als mönchische

Aussonderung verstanden werden, sondern in der Übernahme einer göttlichen Schickung als Fortsetzung der Tat Christi und Vollendung der in ihm geschenkten Freiheit. Bonhoeffers Ruf zur Nachfolge wollte der Welt klarmachen, daß damit nicht die Welt um das ihr geschenkte Leben betrogen werden soll, sondern daß sie es in ihr findet. Er selbst wollte als Christ bei der Welt und für die Welt dasein in einer schrankenlosen Liebe zu allem, was in ihr angelegt ist, und in einer unbesieglichen Hoffnung für den ihr auferlegten Lebenskampf.

Einer religionslos gewordenen Welt sollte sein Wirken die Gabe des Evangeliums nahebringen, um die es bei der Fleischwerdung Christi allein geht. Hier sieht er *die* Aufgabe der Kirche, an die sie ihre ganze Kraft zu setzen hat. Dabei muß die Kirche schon in der Gottlosigkeit der Welt ihre eigene, wahre Lage vor Gott neu erkennen und sich von ihrem Herrn, der selbst an die Stelle der Gottlosen trat, neu sagen lassen, daß der Gott, der mit uns ist, der Gott ist, der uns verläßt (Mark. 15, 34). Den Menschen verweist die Bibel an die Ohnmacht und das Leiden Gottes, der sich selbst aus der Welt herausdrängen läßt ans Kreuz und gerade so bei uns ist und uns hilft. Was die Kirche schreckt, sollte sie in Wahrheit an ihren Ursprung erinnern. Die Mündigkeit der Welt und ihre Gottlosigkeit können den Blick frei machen für den Gott der Bibel, der durch seine Ohnmacht in der Welt Macht und Raum gewinnt. An dieser Stelle, verkettet mit der gottlosen Welt, im Augenblick eines ohnmächtigen, leidenden Gottes, erhebt sich die Frage: „Was glauben wir wirklich?“

Diese Frage erlaubt es Bonhoeffer nicht, sich „hinter den Glauben der Kirche zu verschanzen“. Nicht das Eintreten für die „Sache“ der Kirche, sondern der *persönliche Christusglaube* bleibt das Entscheidende. Es geht zuerst und zuletzt um die Begegnung mit ihm, um die Erfahrung, daß hier eine Umkehrung des menschlichen Wesens gefordert ist. Aus der Freiheit von sich selbst und aus dem Für-andere-Dasein bis zum Tode entspringt erst die Vollmacht und Allgegenwart Jesu. Der Glaube des Christen ist deshalb das Teilnehmen an diesem Dienst Jesu, dessen Träger ganz im Dienst dieses Tuns stehen müssen und auf Schritt und Tritt verantwortlich handeln. Allen neuen Deutungen des Evangeliums gegenüber lehnt Bonhoeffer jede Verkürzung der biblischen Wahrheit ab und urteilt: „Man kann nicht Gott und Wunder voneinander trennen.“ Das Evangelium hat in Christus eine Spitze, die den Verlegenheiten des Menschen von heute den Weg zur Hilfe weist, und an Christus kann allein deutlich gemacht werden, worum es bei dem christlichen Glauben geht.

Alle Verkündigung ist gebunden an das Zeugnis von Jesus Christus, an die Heilige Schrift. Die Schrift will ausgelegt und gepredigt sein. Der ausgelegte Predigttext gehört der Gemeinde, und von ihm aus gibt es ein „Suchen in der Schrift, ob es sich also verhält“ (Apg. 17, 11), wie die Predigt es verkündigt hat. Der Griff Unberufener nach der Heiligen Schrift ist durchaus noch kein Zeichen besonderer Ehrerbietung und besonderer geistlicher Erkenntnis. Viel Übermut, Unordnung und geistliche Verwirrung haben hier ihren Anfang genommen. Der Heiligkeit der Schrift entspricht es, zu erkennen, daß es Gnade ist, zu ihrer Auslegung berufen zu sein.

Zur Verkündigung bedarf es nicht zweierlei Worte, eines allgemein-vernünftigen und eines christlichen, eines Wortes für die Ungläubigen und eines anderen für die Gläubigen. Die Heilige Schrift bezeugt Jesus Christus als den Herrn und Retter der Welt; es gibt keine vollmächtige Verkündigung, die nicht Christusverkündigung wäre. Es ist pharisäischer Dünkel, dem einen die Christusverkündigung vorzuenthalten, dem anderen nicht.

Jedes Wort, das nicht im Auftrag Jesu Christi gesagt wird, muß leerer Schall bleiben. In der Begegnung mit der Obrigkeit kann eine Kirche nur dann mit Recht auf offenbare Mißstände hinweisen, wenn sie ihren eigentlichen Auftrag erfüllt. Es gibt auch hier keine zwei Gebote: eines für die Welt, ein anderes für die christliche Gemeinde, sondern ihr Gebot ist das in Jesus Christus offenbarte *eine* Gebot Gottes, das sie aller Welt verkündigt.

Das Kreuz Christi ist für Bonhoeffer ein für allemal das bleibende Zeichen für die Versöhnung der Welt mit Gott. Das *Kreuz der Versöhnung* ist die Befreiung zum Leben vor Gott mitten in der gottlosen Welt und läßt die vergeblichen Versuche hinter sich, die Welt zu vergöttlichen, weil das Kreuz die Entzweiung zwischen Christlichem und Weltlichem überwunden hat. Diese Versöhnung der Welt mit Gott ruft zu einfältigem Tun und Leben im Glauben an Jesus Christus, den gekreuzigten Versöhner. Ohne oder gegen die Verkündigung des Kreuzes Christi gibt es keine Erkenntnis der Gottlosigkeit und Gottverlassenheit der Welt; das Weltliche wird allein das ihm innewohnende Verlangen nach eigener Vergöttlichung zu befriedigen versuchen. Das Weltliche *neben* der Christusverkündigung richtet eigene Gesetze auf, verfällt ganz sich selbst und muß sich schließlich selbst an Gottes Statt setzen.

Alle Mächte der Welt sind Jesus Christus, dem auferstandenen und erhöhten Herrn, unterworfen. Diese Herrschaft Jesu ist die des Schöpfers, Versöhners und Erlösers, durch den und in dem alles Geschaffene seinen Ursprung und sein Ziel findet. Das Gebot Christi befreit das Geschaffene zur Erfüllung des dem Wesen Jesu innewohnenden Gesetzes. Jesu Gebot begründet keine Herrschaft der Kirche über die Obrigkeit oder der Obrigkeit über die Familie oder der Kultur über die Obrigkeit und die Kirche. Sicher regiert das Gebot Christi Kirche,

Familie, Kultur, Obrigkeit, aber es befreit alle diese Einrichtungen zur Wahrnehmung der ihnen zukommenden Tätigkeit. Der göttliche Auftrag der Kirche besteht darin, daß ihr die Verkündigung der Christenherrschaft über alle Welt anvertraut ist. Die *christliche Gemeinde* steht an der Stelle, an der die ganze Welt stehen sollte. Damit dient sie stellvertretend der Welt, ist um der Welt willen da.

Das Bild Jesu selbst beunruhigte, ermutigte Bonhoeffer immer wieder, drang durch alles hindurch und wies ihn vorwärts. Er war der Meinung, daß man sich nicht lange und tief genug in dieses Bild versenken kann, wie es uns in allen drei Evangelien entgegentritt. Sie zeigen den Heiland der Gottlosen, der mitten unter ihnen lebt, ihre Verlorenheit zu seiner Verlorenheit macht, der weder mit offenem noch mit heimlichem Zugang zu ihnen kommt. Christus erdrückt nicht mit seinem Reichtum, sondern wird arm um der Ausgestoßenen und Verfluchten willen. Seine Gottheit offenbart sich in seiner Niedrigkeit, und gerade so kommt es zum Glauben – allen Erfahrungen der religiösen Meister seiner Zeit zum Trotz. Jesus Christus ist die einzige Voraussetzung dieses Glaubens. Er hat selbst Menschen ohne Sündenbekenntnis für immer an sich gezogen durch die Einzigartigkeit seines bloßen Helfens. Sein göttliches Geheimnis zeigt sich schon da wirksam, wo seine Tiefe noch verhüllt blieb, und war auch da mächtig, wo er es nur noch schweigend bezeugte: an seinem Kreuz.

Mit von Gott geschenkter Natürlichkeit hat Bonhoeffer sich sportlicher Betätigung oder der Ausübung von Musik nicht entziehen können; er genoß den Sonnenschein und das Glück, das über seiner Jugend lag. Entscheidend war für ihn das Verantwortungsgefühl, das er als Glied der Kirche Christi für diese Welt besaß. Es entsprang für ihn aus dem Einssein Christi mit der Kirche als einem Stück Welt. Indem er auf solche Weise die Welt liebte, darum wollte er auch in seinem Pfarramt und als Christ stellvertretend handeln und, wenn notwendig, für sein Vaterland, die Sache echter Demokratie und einen echten Frieden leiden. Seine Liebe zum Wort, zur Kirche, zu den Brüdern, zur Welt ist Liebe zu seinem Herrn Jesus Christus.

Heiße Liebe zur Sache des Evangeliums ließ ihn mitunter zu einem unbequemen Mahner und einer Quelle der Unruhe werden. Es war ihm in den Jahren der Verwirrung nicht möglich, eine andere als Bekennende Kirche anzuerkennen. Andererseits sah er mit großer Bekümmernis, wie etwa die Beschäftigung mit liturgischen Fragen wichtiger genommen wurde als die Judenfrage. In diesem Zusammenhang konnte er sagen: „Nur wer für die Juden schreit, darf auch gregorianisch singen." Über das Zurückweichen in der Eidesfrage schrieb er in einem Brief: „Ich kann die Schuld, die die Bekennende Kirche durch die ‚Weisung' zur Eidesleistung auf sich geladen hat, nur als Folge eines Weges ansehen, auf dem der Mangel an Vollmacht, an Bekenntnisfreudigkeit, Glaubensmut und Leidensbereitschaft schon längere Zeit mitten unter uns spürbar geworden ist." Aber Trauer, Verachtung und Protest haben seine theologisch verwurzelte Bindung an die vorhandene empirische Kirche nicht in Frage gestellt. (E. Bethge, in: MW II, S. 97/98.)

Im Vergangenen und Zukünftigen suchte dieser Mann die Quelle der Kraft. Zuversichtlich und ruhig stellte er das Gelingen seiner Sache Gott anheim, mochte es um die Nachfolge, die Kirchengemeinschaft, die Wahrheitsfrage oder die öffentliche Verantwortung gehen. In seinem kurzen Leben hatte er die Gnade, ganz unter der Herrschaft Christi zu stehen. Manches sich Widersprechende wird im Blick auf seine Erkenntnis,

Wer bin ich?

Wer bin ich? Sie sagen mir oft,
ich träte aus meiner Zelle
gelassen und heiter und fest
wie ein Gutsherr aus seinem Schloß
Wer bin ich? Sie sagen mir oft
ich spräche mit meinen Bewachern
frei und freundlich und klar,
als hätte ich zu gebieten.
Wer bin ich? Sie sagen mir auch,
ich trüge die Tage des Unglücks
gleichmütig, lächelnd und stolz,
wie einer, der Siegen gewohnt ist.
Bin ich das wirklich, was andere von mir sagen?
Oder bin ich nur das, was ich selbst von mir weiß?
Unruhig, sehnsüchtig, krank, wie ein Vogel im Käfig,
ringend nach Lebensatem, als würgte mir einer die Kehle,
hungernd nach Farben, nach Blumen, nach Vogelstimmen,
dürstend nach guten Worten, nach menschlicher Nähe,
zitternd vor Zorn über Willkür und kleinlichste Kränkung,
umgetrieben vom Warten auf große Dinge,
ohnmächtig bangend um Freunde in endloser Ferne,
müde und leer zum Beten, zum Denken, zum Schaffen,
matt und bereit, von allem Abschied zu nehmen?

Wer bin ich? Der oder jener?
Bin ich denn heute dieser und morgen ein andrer?
Bin ich beides zugleich? Vor Menschen ein Heuchler
und vor mir selbst ein verächtlich wehleidiger Schwächling?
Oder gleicht, was in mir noch ist, dem geschlagenen Heer,
das in Unordnung weicht vor schon gewonnenem Sieg?

Wer bin ich? Einsames Fragen treibt mit mir Spott.
Wer bin ich, Du kennst mich, Dein bin ich, o Gott!

Rechte Seite: „Wer bin ich?“ Handschriftliches Original. Tinte. Entstanden im Juni 1944.

Wer bin ich?

Wer bin ich? Sie sagen mir oft,
ich träte aus meiner Zelle
gelassen und heiter und fest,
wie ein Gutsherr aus seinem Schloß.
Wer bin ich? Sie sagen mir oft,
ich spräche mit meinen Bewachern
frei und freundlich und klar,
als hätte ich zu gebieten.
Wer bin ich? Sie sagen mir auch,
ich trüge die Tage des Unglücks
gleichmütig, lächelnd und stolz,
wie einer, der Siegen gewohnt ist.
Bin ich das wirklich, was andere von mir sagen?
Oder bin ich nur das, was ich selbst von mir weiß?
Unruhig, sehnsüchtig, krank, wie ein Vogel im Käfig,
ringend nach Lebensatem, als würgte mir einer die Kehle,
hungernd nach Farben, nach Blumen, nach Vogelstimmen,
dürstend nach guten Worten, nach menschlicher Nähe,
umgetrieben vom Warten auf große Dinge,
ohnmächtig bangend um Freunde in endloser Ferne,
müde und leer zum Beten, zum Denken, zum Schaffen,
matt und bereit, von allem Abschied zu nehmen?
Wer bin ich? Der oder jener.
Bin ich denn heute dieser und morgen ein andrer?
Bin ich beides zugleich? Vor Menschen ein Heuchler
und vor mir selbst ein verächtlich wehleidiger Schwächling.
Oder gleicht, was in mir noch ist, dem geschlagenen Heer,
das in Unordnung weicht vor schon gewonnenem Sieg?
Wer bin ich. Einsames Fragen treibt mit mir Spott.
Wer ich auch bin, Du kennst mich, Dein bin ich, o Gott!

Verkündigung und Verantwortlichkeit ein Ganzes. Gott in Jesus Christus war ihm Mitte dieses Lebens.

„Im Warten auf den Jüngsten Tag der geschichtlichen Zukunft verpflichtet" – das ist der ganze Inhalt des Vermächtnisses Bonhoeffers. Die Hoffnung auf den Jüngsten Tag bedeutet für ihn das Reich Gottes auf Erden. In allen seinen Schriften ist diese Hoffnung eindeutig vorhanden, und das, was er „christliche Weltlichkeit" genannt hat, ist aus dieser Hoffnung entsprungen. Gottes Reich schließt in sich ein, daß Gottes Ruhe die Ruhe der Welt geworden ist. Gott heiligt den Tag seiner Ruhe für Adam und uns, deren Herzen unruhig sind. Das Volk Gottes soll zum Ausruhen vom irdischen Werktag geführt werden; auf diese Weise will der Sonntag Abglanz und Verheißung der ewigen Ruhe beim Schöpfer, Erlöser und Vollender der Welt sein. Wenn die Zeit erfüllt ist, soll das Volk Gottes das vollendete reine Werk Gottes anschauen und an ihm teilhaben. Der Sonntag ist der Hinweis auf das Leben der Kinder Gottes aus der Gnade Gottes und auf die Berufung der Menschen in Gottes Reich.

„Von guten Mächten ..."

Die Dichter der Glaubenslieder haben in verschiedenen Jahrhunderten auf verschiedene Weise Brücken zum Ewigen zu schlagen versucht. Jede Zeit streckt ihre Hände nach den „Sternen", nach dem Unendlichen, nach dem Jenseits, nach der Ewigkeit, nach Gott aus. Der Chor dieser Stimmen, von Paul Gerhardt angefangen bis hin zu Jochen Klepper und Siegbert Stehmann in unseren Tagen, ist überaus vielfältig, die Art und Weise sehr verschieden, wie *das* Ewige oder *der* Ewige erlebt und besungen wird. Es gibt Stimmen, die immer suchen und nie finden, und solche, denen Erfüllung zuteil ward, deren Aussage um den in Christus erlebten Gott der Liebe kreist. Auch Dietrich Bonhoeffer war die Gabe geschenkt, im Gedicht der Kraft und Zuversicht des Glaubens Ausdruck zu verleihen. Dabei wollte er nicht die falsche und verworrene Sprache unseres Herzens, sondern die klare und reine Sprache, die Gott in Jesus Christus zu uns gesprochen hat, sichtbar werden lassen. Um eine Jahreswende entstanden die Verse:

„Von guten Mächten treu und still umgeben,
behütet und getröstet wunderbar,
so will ich diese Tage mit euch leben
und mit euch gehen in ein neues Jahr.

Noch will das alte unsre Herzen quälen,
noch drückt uns böser Tage schwere Last;
ach, Herr, gib unsern aufgescheuchten Seelen
das Heil, für das du uns bereitet hast!“

Nur wo in den Prüfungen des Lebens solche Einsichten gereift sind, kann eine wirkliche Tiefe entstehen, die alles Uneigentliche hinter sich läßt. Nichts ist schlimmer, als wenn Unberufene Glaubensdingen im Dichterwort unklare Deutungen geben. Wer es mit Gottes Welt zu tun hat, die Lebenskräfte des Evangeliums in den Mittelpunkt stellt, darf nur warten, bis ihm das gnadenhafte Wort geschenkt ist.

Der christliche Dichter hat als Darstellungsmittel nur das Wort, mit dem er auf dieser Erde die geistlichen Dinge als Stück der Schöpfung gegenwärtig macht und über sie hinausweist auf das Ewige. Sein Wort soll nicht erklären, sondern die Dinge und Ereignisse so vor Augen stellen, daß wir sie gleichsam sehen, daß unser ganzer Mensch von ihnen getroffen wird.

Auch das Dichterwort der Bibel im Psalter hat eine beschwörende Kraft der Vergegenwärtigung, ohne die es keine wahre Dichtung ist. Aber danach heißt es dann etwa in Psalm 93, wenn die Wellen der gewaltigen Wasserströme sich vor uns erheben: „Der Herr aber ist noch größer in der Höhe." Christliches Dichterwort soll rühmen, und es kommt darauf an, ob der Lobpreis bei Teilen der Schöpfung verbleibt oder ob er hinweist auf den *Herrn* der Schöpfung. Gegenüber den eigenen trostlosen Erfahrungen darf der Christ sich gesagt sein lassen, daß einer diese schuldverfallene Welt ansieht, ohne an ihr zu verzweifeln, weil er sich selbst für sie hingab. Durch Gottes Wort wird uns der Blick dafür geöffnet, gegen unser zweifelndes Herz zu glauben. Der Trost der Liebe Gottes in unserem Leben spricht aus diesen Worten Bonhoeffers:

„Und reichst du uns den schweren Kelch, den bittern
des Leids, gefüllt bis an den höchsten Rand,
so nehmen wir ihn dankbar ohne Zittern
aus deiner guten und geliebten Hand."

Wir spüren bei allem Getröstetsein durch die Frohe Botschaft zugleich die Schatten der dunklen Wolken über dem Weg des Gefangenen. Davon wissen die Lieder der Gegenreformation auch einiges zu sagen, als Krieg, Pest und Hunger die Menschen bedrängen und die Christen durch Glaubensstreitigkeiten Verwirrung erleben. In den Liedern jener Zeit herrscht nicht mehr der frische, fröhliche Glaubensmut der Reformationszeit. Der Klang ist gedämpfter geworden. Es heißt nicht mehr stolz, jubelnd: „Das Reich muß uns doch bleiben", sondern in den Liedern erklingt die Bitte um Erhaltung des Evangeliums und die Sehnsucht nach dem ewigen Leben mit seinem Frieden und seiner seligen Ruhe. Das beste Lied jener Zeit ist: „Ach, bleib bei uns, Herr Jesu Christ, weil es nun Abend worden ist", wobei mit dem „Abend" nicht der Abend des Tages, sondern der Weltabend, die letzte Zeit gemeint ist. Dieses Anliegen gibt dem Liede erst die rechte Tiefe.

Es ist eine der erstaunlichsten Tatsachen der Weltgeschichte, daß in der Leidenszeit des 30jährigen Krieges das christliche Lied in einer Breite und einem inneren Reichtum aufblüht, der einzigartig ist. Diese Lieder haben dazu einen ganz besonderen Klang. Hatten frühere Zeiten Lieder des jubelnden Bekenntnisses, erfüllt von der Freude über das Evangelium, und solche, die zur Standhaftigkeit rufen, geschenkt, treten jetzt die Anliegen der einzelnen Christen stärker hervor. Die Bitte steht neben dem Dank, Gottvertrauen neben Sehnsucht nach der Ewigkeit. Daß diese Glaubenszeugnisse entstehen konnten, war deswegen möglich, weil die Menschen damals Halt und Stärkung im Bibelwort fanden. Es war eine Zeit, wo der *Einzelne* entscheiden mußte, ob er im Angesicht furchtbarer Verfolgungen seinem Glauben treu bleiben wollte oder nicht. Aber eben in einem mutigen Bekenntnis fanden die Menschen den Halt, der ihnen unerschütterliche Freudigkeit und Zuversicht verlieh.

Die in der Notzeit des 30jährigen Krieges immer wieder geforderte persönliche Glaubensentscheidung hat in Paul Gerhardt den höchsten Punkt erreicht. Er rettete das Lied vor der Erstarrung und fand den echten volkstümlichen Ausdruck wieder, eine einzigartige Schlichtheit des gläubigen Herzens. Er singt ein persönliches Bekenntnis, aber dieses Bekennen ist der Glaube der Bibel. Wirkliche Schlichtheit und Glaubenshingabe spricht auch aus diesen Worten Bonhoeffers:

„Doch willst du uns noch einmal Freude schenken
an dieser Welt und ihrer Sonne Glanz,

dann woll'n wir des Vergangenen gedenken,
und dann gehört dir unser Leben ganz."

Echte Zeugnisse finden sich in den Liedern der „Stillen im Lande", die zu allen Zeiten erklangen. Hier mußten Christen in Freud und Leid von dem reden, was ihr gläubiges Herz erfüllte. Uns allen ist das Abendlied des Wandsbecker Boten: „Der Mond ist aufgegangen" oder das ergreifende Neujahrslied der Fürstin Reuß: „Das Jahr geht still zu Ende" bekannt. In solchen Liedern tritt uns das echte Gefühl frommer Herzen entgegen. Immer vermögen sie durch ihre Innigkeit und Klarheit von einem unerschütterlichen Glauben, kindlicher Hingebung zu zeugen. Es sind Lieder für trostsuchende Herzen, die Liebe zu Jesus klingt immer neu hindurch. Bei Philipp Spitta heißt es z. B.:

„Es kennt der Herr die Seinen und hat sie stets gekannt,
die Großen und die Kleinen, in jedem Volk und Land;
er läßt sie nicht verderben, er führt sie aus und ein;
im Leben und im Sterben sind sie und bleiben sein."

Dietrich Bonhoeffer war in einen Zeitabschnitt hineingestellt, in dem viele vorher in sich geschlossene Werte des menschlichen Zusammenlebens zerbrachen. Es bewahrheitete sich das Wort Prediger 3, 11: „Der Mensch kann doch nicht treffen das Werk, das Gott tut, weder Anfang noch Ende." Der Mensch steht im Zusammenhang mit der todgeweihten Vergänglichkeit, ihn erfüllt die Furcht vor dem Schöpfer, der die Selbstherrlichkeit seiner Geschöpfe richtet; aber er kennt nicht die Barmherzigkeit dessen, der nicht den Tod seiner Geschöpfe will, sondern daß sie sich bekehren und leben. Die Bemühungen und Kämpfe der Menschen sind nicht das Entscheidende in der Menschengeschichte, sondern der Kampf zwischen

Gott und dem Teufel, in den Engel und Dämonen und wir Menschen einbezogen sind. Trübsal, Tränen und Leiden können den Menschen dabei überwältigen, die Lasten des Augenblicks vermögen so zu bedrücken, daß wir anfangen, uns selbst zu bemitleiden und unser schweres Geschick in den Mittelpunkt zu rücken. Ganz anders ist das Echo bei Bonhoeffer, der aus gläubigem, getrostem Herzen heraus sprechen kann:

„Laß warm und still die Kerzen heute flammen,
die du in unsre Dunkelheit gebracht;
führ, wenn es sein kann, wieder uns zusammen!
Wir wissen es, dein Licht scheint in der Nacht!"

Christliche Verkündigung muß bezeugen, daß das neue Leben allein des heiligen Gottes Werk ist, vor dem aller menschlicher Selbstruhm zuschanden wird. Wo dieses Wort das Leben der Menschen bestimmt, da wird der Liederdichter nicht nur eine zerrissene Welt darstellen, sondern darf aufzeigen, wie sich die Gabe Gottes in unserem irdischen Leben sichtbar auswirkt. Sie ist uns nach Titus 3, 4 erschienen als die Freundlichkeit und Leutseligkeit Gottes, unseres Heilandes. Ein Zeitgenosse Bonhoeffers, der 33jährig (1945) in Rußland gefallene Siegbert Stehmann, hat aus dem Felde geschrieben: „All unser Wesen, auch das der Nacht zugewandte, muß in Anbetung münden, in der wissenden Hingabe an den Willen unseres Herrn, vor dem es keine verhüllenden, fragenden Nächte gibt, sondern nur das Licht, da niemand zukommen kann." Sein Wort der Dichtung ist überall ein Zeugnis vom Wirken des dreieinigen Gottes. Er sieht die Welt unter der Gnade des Kreuzes Christi, und dadurch wird sie ihm zum Ort menschlicher Pilgerschaft.

Auch in der Einsamkeit der Gefängniszelle wußte Bonhoeffer, daß Gottes unwandelbare Treue und Güte den Menschen erhält und leitet. Gottes Arme tragen durch alles Unheil, sie breiten sich schützend aus. Zuflucht bei Gott suchen, die Ruhe in ihm ersehnen, gleicht nicht irdischer Flucht. Der Mensch, der zu Gott flüchtet, gewinnt einen Anfang und darf wissen: „Er gibt den Müden Kraft und Stärke genug den Unvermögenden."

Verzweiflung und innerer Aufruhr, Mangel und Qual, Ungerechtigkeit und Verbitterung schließen nicht aus, daß in alledem der Friede Gottes Einkehr hält. So ist es dem Menschen Bonhoeffer auch ergangen, der dem Übel und der Plage des Lebens nicht ausweichen wollte, sondern dem es ein dringliches Anliegen war, unter aller Last, Not und Ungewißheit des Lebens den Frieden mit Gott zu finden. Der große Friedefürst verkündigt einen Frieden, der alles menschliche Begreifen übersteigt: „Und sie werden sich verwundern über all dem Guten und über all dem Frieden, den ich ihnen geben will" (Jer. 33, 9). Solches Verheißungswort steht wie der Regenbogen über der Sintflut Gottes.

Bonhoeffer war dessen gewiß: „Sein Rat ist wunderbar, und er führt es herrlich hinaus", darum konnte er sagen:

„Wenn sich die Stille nun tief um uns breitet,
so laß uns hören jenen vollen Klang
der Welt, die unsichtbar sich um uns weitet,
all deiner Kinder hohen Lobgesang!"

Das gilt auch für Tage, an denen wir vor unserer Zukunft nur noch die Augen schließen möchten. Was wir aufbauten, sank dahin; sicherer Gewinn zerrann, alles Schaffen war vergeblich; sichere Stützen brachen. In allen Wirren kommt Gott dennoch auf uns zu, es siegt sein heiliger Plan – sein Plan zur Rettung in Zeit und Ewigkeit. Selbst Schicksalsschläge, von denen wir meinen, daß sie unser

Leben zertrümmern, geschehen nicht ohne des „Herrn Befehl". So darf ihm all unser Leben und Tun getrost „befohlen" werden. Gottes Gedanken sind und bleiben geheimnisvoll; aber nach seinem Ratschluß, der menschliche Berechnungen durchkreuzen kann, führt er alles Verworrene zu einem herrlichen Ende.

Kein Leid, keine Enttäuschung, kein irdischer Verlust hat Bonhoeffer sein unbedingtes Gottvertrauen rauben können. Davon zeugen folgende Zeilen, die auch im Gefängnis entstanden:

> „Wunderbare Verwandlung. Die starken tätigen Hände sind dir gebunden. Ohnmächtig, einsam siehst du das Ende deiner Tat. Doch atmest du auf und legst das Rechte still und getrost in stärkere Hand und gibst dich zufrieden.
> Nur einen Augenblick berührtest du selig die Freiheit, dann übergabst du sie Gott, damit er sie herrlich vollende."

Er wußte sich in solcher Geborgenheit verbunden mit Gleichgesinnten seiner Zeit, von denen einer das göttliche Wort als Anruf an die Zeit- und Weggenossen weitergegeben hat. Morgen, Mittag und Abend werden erleuchtet von der Gegenwart des Herrn:

„Der Tag ist seiner Höhe nah.
Nun blick zum Höchsten auf,
der schützend auf dich niedersah
an jedem Tageslauf!
Wie laut dich auch der Tag umgibt,
jetzt halte lauschend still,
weil er, der dich beschenkt und liebt,
die Gabe segnen will!
In jeder Nacht, die mich umfängt,

darf ich in deine Arme fallen,
und du, der nichts als Liebe schenkt,
wachst über mir, wachst über allen.
Du birgst mich in der Finsternis,
dein Wort bleibt noch im Tod gewiß."

Weil dieses Menschenwort vom Bibelwort in Zucht genommen ist und entgegen aller Selbstgefälligkeit die ewige Wahrheit verkündet wird, greift es uns tief ans Herz. Solche Bekenntnisse entstanden in einer Zeit, die den letzten Nachhall christlichen Welt- und Menschenverständnisses beiseite geschoben hatte und nur noch den Menschen der Selbstbehauptung in einer sinnentleerten Welt am Rande des Nichts kannte. In dem herannahenden Gericht über das Hitlerreich erblickte Bonhoeffer die verborgene Hand Gottes, der deshalb selbst in den Tod ging, weil sein *letztes Wort* nicht die Vernichtung, sondern das *neue Leben* ist. Das frühe Mittelalter stellte den gekreuzigten Christus zugleich als den Sieger über den Tod dar und vereinte so Karfreitag und Ostern in einem Bild. Die ewige Liebe, die für uns in den Tod ging, war die Mitte in Bonhoeffers Leben. Die Auferstehung Christi hat er an sich wirklich erfahren, die die Welt nicht dem Teufel oder dem Nichts überläßt. Für ihn war diese Auferstehung eine Botschaft, die sich an den einzelnen und an ganze aus Gottes Bund gefallene Völker richtet. Er wollte die Auferstehung Christi der verlorenen Welt zusprechen.

Der frühvollendete Glaubenszeuge hat mit Mut und Demut weitreichende Entscheidungen getroffen. In bedrohlichen, aber von ihm als notwendig erachteten Unternehmungen sah er alle irdische Hoffnung ganz im Lichte der himmlischen; sein Ja oder Nein suchte er im Gehorsam gegen Gott zu finden und auszusprechen. Von Demut und dem Wissen um die tiefe Fragwürdigkeit und

Gebrechlichkeit, Vorläufigkeit und Unsicherheit auch des Besten, was der Mensch mit seinem Wollen, seinem Ja und Nein anstreben kann und erreichen wird, war sein Reden und Handeln bestimmt. In dieser Bescheidung hat Bonhoeffer nicht aufgehört, mutig zu sein, bestimmt und entschlossen zu reden und zu handeln. Was ihn allezeit trug, faßte er in die schlichten Worte zusammen:

„Von guten Mächten wunderbar geborgen,
erwarten wir getrost, was kommen mag.
Gott ist mit uns am Abend und am Morgen
und ganz gewiß an jedem neuen Tag.“

Benutzte Literatur

Dietrich Bonhoeffer: Auf dem Wege zur Freiheit, Lettner-Verlag, Berlin.

Dietrich Bonhoeffer: Die Psalmen – das Gebetbuch der Bibel. MBK-Verlag, Bad Salzuflen [13]1989.

Dietrich Bonhoeffer: Die mündige Welt, Band 1 und 2. Chr. Kaiser Verlag, München.

Dietrich Bonhoeffer: Ethik. Edition Christian Kaiser, Gütersloh 1992.

Dietrich Bonhoeffer: Nachfolge. Edition Christian Kaiser, Gütersloh 1994.

Dietrich Bonhoeffer: Versuchung. Chr. Kaiser Verlag, München.

Dietrich Bonhoeffer: Widerstand und Ergebung. Edition Christian Kaiser, Gütersloh 1994.

Oekumenische Profile, Heft V, 3, Heimatdienst-Verlag, Berlin.

Bonhoeffer-Gedenkheft. Haus und Schule Verlag, Berlin.

Die folgenden Abbildungen sind mit freundlicher Genehmigung entnommen aus:

S. 71: Bilderdienst Süddeutscher Verlag, München.
S. 61 oben: Landesbildstelle Berlin
S. 21: Michaëlis, Amöneburg
Alle übrigen: „Dietrich Bonhoeffer, Sein Leben in Bildern und Texten", Chr. Kaiser Verlag, München.